A educação não formal como campo de estágio: contribuições na formação inicial do arte/educador

© Guilherme Nakashato, 2012

Nakashato, Guilherme
   A educação não formal como campo de estágio: contribuições na formação inicial do arte/educador / Guilherme Nakashato – São Paulo: SESI-SP editora, 2012. (Prata da casa. Programa Publique-se SESI)

264 p.

ISBN 978-85-65025-96-6

1 . Educação não formal 2. Arte/Educação 3. Ensino de arte I. Título

CDD – 700.07

Índices para catálogo sistemático:
1. Educação não formal
2. Arte / Educação
3. Ensino de arte
Bibliotecárias responsáveis: Elisângela Soares CRB 8/6565
                             Josilma Gonçalves Amato CRB 8/8122

SESI -SP Editora
Avenida Paulista, 1313, 4º andar, 01311 923, São Paulo - SP
F. 11 3146.7308 editora@sesisenaisp.org.br

Guilherme Nakashato

A educação não formal como campo de estágio: contribuições na formação inicial do arte/educador

SESI-SP editora

SESI-SP editora

Conselho editorial
Paulo Skaf (Presidente)
Walter Vicioni Gonçalves
Débora Cypriano Botelho
Neusa Mariani

Prata da Casa

Editor
Rodrigo de Faria e Silva

Editora assistente
Juliana Farias

Capa e projeto gráfico
Paula Loreto

Apoio
Valquíria Palma

Diagramação
Rafael Teixeira

Revisão
Entrelinhas Editorial
Mariana Góis

Projeto desenvolvido em parceria com a Divisão de Educação do SESI-SP, sob a diretoria de Fernando Antonio Carvalho de Souza.

*A Edna Yumi, pela parceria na vida, pelo carinho e pelo apoio.
E a André Kenzo, por me ensinar muita coisa em um gesto,
uma ação, um olhar.*

Agradecimentos

Aos alunos que gentilmente se dispuseram a participar desta pesquisa, permitindo que suas ideias fizessem parte deste trabalho.

E aos outros alunos, que não puderam participar, mas que muito contribuíram nas reflexões durante as nossas aulas.

À professora doutora Rejane Coutinho, por compartilhar suas reflexões, conhecimentos e saberes, além da paciência e orientações nos momentos mais delicados.

À professora doutora Luíza Christov, por mediar outras formas de perceber e entender nossas próprias maneiras de viver neste mundo.

Ao professor doutor João Palma Filho, pelas agudas análises que muito contribuíram para a solidificação desta pesquisa.

Aos meus pais, João e Taeko Nakashato, pelo apoio, carinho e incentivo, sem os quais não conseguiria conquistar tudo que já consegui.

À Adriana Rodrigues Mendonça e Gisele Marangon de Moraes, pelas colaborações em detalhes que fizeram a diferença na pesquisa.

À Solange Utuari pela iluminação conceitual construída em sua experiência como orientadora de estágios.

Ao amigo Erick Orloski, que me acompanha desde a graduação, pelas pequenas conversas de corredor que sempre me deslocaram a pensar algo que não havia imaginado.

Ao amigo Gerson Tung, de grande estima, pelo auxílio na diagramação e organização visual desta dissertação.

Aos meus amigos do Arteducação Produções, cuja convivência na educação não formal transformou (e vem transformando) minha concepção de ser educador.

Aos amigos e companheiros da Famec e do Sesi-SP, pela compreensão e apoio ao longo deste processo, contribuindo para o desenvolvimento de ideias e opiniões acerca da educação e da formação de professores.

A Deus pela paz proporcionada durante as dificuldades no caminho.

A todos, meu respeito e meus agradecimentos.

*Se as coisas são inatingíveis... ora! Não é motivo para não
querê-las... Que tristes os caminhos, se não fora
a presença distante das estrelas!*

Mário Quintana

Apresentação

Esta pesquisa tem como objeto de investigação as relações entre a educação não formal e o estágio supervisionado na formação inicial do arte/educador. Parte-se do pressuposto de que o movimento de Arte/Educação brasileiro se constitui em torno de projetos de arte/educação não formal, que por sua vez influem na consolidação do ensino da Arte na educação escolar básica. Por esta ótica, toma-se, como exemplos, o Movimento Escolinhas de Artes e a gênese da Proposta Triangular, assim como na contemporaneidade a questão da mediação cultural no cenário das instituições de cultura e projetos sociais. Para adentrar a investigação, coloca-se em discussão a compreensão do compartilhamento do estágio curricular supervisionado na educação formal e não formal como momento-chave da construção da identidade e da profissionalidade docente, efetivando a práxis pedagógica tão necessária para a completa formação do futuro arte/educador. Com uma abordagem qualitativa, por meio de acompanhamento de grupos focais de estudantes dos últimos semestres/anos dos cursos de licenciatura em artes visuais do Instituto de Artes da Unesp e da Faculdade de Educação e Cultura Montessori, ambos em São Paulo, busca-se avaliar relatos de experiências de estágio. As análises apontam para o reconhecimento da educação não formal como possibilidade de ampliação de saberes docentes e interpessoais, que podem arejar e ressignificar práticas de sala de aula. Pode-se dizer que a educação não formal constitui-se, portanto, como marco referencial da atual situação da arte/educação no Brasil, tanto nas lutas para sua inserção e aplicabilidade efetiva na educação básica, quanto no entendimento catalisador e modificador da formação inicial do arte/educador.

Palavras-chave: Arte/educação não formal, estágio supervisionado, formação inicial do arte/educador, ensino de Arte, grupo focal.

Dissertação submetida à Unesp, como requisito parcial exigido pelo Programa de Pós-Graduação em artes, área de Concentração em Artes Visuais, linha de pesquisa - Ensino e Aprendizagem da Arte, sob a orientação da professora doutora Rejane Galvão Coutinho, para obtenção do título de mestre em Artes.

Sumário

Introdução 15
1. A educação não formal e o desenvolvimento do ensino da arte no Brasil 27
1.1 As modalidades de educação: formal, não formal e informal 29
1.1.1 A educação não formal e a sociedade contemporânea 34
1.2 O ensino da arte no Brasil e a educação não formal: débitos epistemológicos 38
1.2.1 A escolinha de arte do Brasil e o Movimento Escolinhas de Arte 39
1.2.2 A proposta triangular para o ensino da arte 48
1.2.3 A mediação cultural na arte/educação contemporânea 55
2. O estágio supervisionado na licenciatura em artes visuais: novas posturas epistemológicas 63
2.1 O estágio pode contribuir para uma mudança na perspectiva da formação docente? 65
2.2 O estágio propositor da práxis docente 74
2.3 O estágio como lócus da construção identitária e da profissionalidade docente 80
2.4 O estágio e a práxis no ensino não formal: o que dizem as normas 89

2.5   O estágio nos cursos de licenciatura em artes visuais: possibilidades e desafios na educação não formal 104
3.   O que dizem os licenciandos................................... 113
3.1   Os contextos dos grupos focais da pesquisa................ 115
3.2   E, afinal, o que dizem os licenciandos?....................... 118
3.2.1 O que falar sobre as experiências no formal e no não formal 120
3.2.2 O supervisor mediador (ou não mediador) dos estágios nas instituições.. 138
3.2.3 O estágio como captura dos modos de ser educador.... 153
3.2.4 A paixão em ser educador.. 163
Considerações finais 169
Referências bibliográficas 177
Apêndices 191
Apêndice A: transcrição do grupo focal IA-Unesp/SP......... 191
Apêndice B: transcrição do grupo focal Famec.................... 223

Introdução

A maior riqueza do homem é a sua incompletude. Nesse ponto sou abastado. Palavras que me aceitam como sou - eu não aceito.

Não aguento ser apenas um sujeito que abre portas, que puxa válvulas, que olha o relógio, que compra pão às 6 horas da tarde, que vai lá fora, que aponta lápis, que vê a uva etc. etc.

Perdoai, mas eu preciso ser outros. Eu penso renovar o homem usando borboletas.

Manoel de Barros[1]

Com essas singelas palavras, o poeta mato-grossense nos brinda com poderosa mensagem. Inconformado. Talvez esta seja uma das principais características que deveríamos almejar àqueles que abraçarão a educação como profissão. Mais além, deveria fazer parte da natureza de todo ser humano; talvez tenha sido, porém, acuado, acabou se conformando às situações e às circunstâncias,

---

[1] BARROS, Manoel de. O retrato do artista quando coisa, p. 79.

[2] Os termos arte/educação e arte/educadores(as), hoje utilizados com crescente frequência, são denominações em constante mutação e, como sempre, atrelados a fundamentações conceituais. O termo Arte-educação já era utilizado por Noêmia Varela (Azevedo, 2008, p. 247) na década de 1950, quando era então Diretora Técnica da Escolinha de Arte do Brasil. Já o termo arte/educação com barra vem sendo aventado desde meados de 2002 (Frange, 2002, p. 45), por sugestão da pesquisadora Lúcia Pimentel com base na linguagem de computador, no intuito de indicar uma relação de pertencimento entre educação e arte (Barbosa, 2005a, p. 21). Segundo Ana Mae Barbosa, "arte/educação é a mediação entre arte e público e o ensino da Arte é compromisso com a continuidade e/ou com currículo, quer seja formal ou informal" (Barbosa, 2005a, p. 99). Na organização desta pesquisa, adoto: arte/educação e arte/educadores(as) ao me referir às questões mais amplas desta área de conhecimento e seus agentes; ensino da Arte e professores de Arte quando diz respeito ao componente curricular de Arte na educação formal. Nas citações, procuro respeitar a grafia exata que consta nos textos originais.

sendo agora percebido principalmente pelos poetas, pelos filósofos e por aqueles que pretendem exercer e divulgar a autonomia em sua concepção mais freireana do termo: como educação. Nós, educadores, ao percebermos o que nos falta, somos completados, não em conteúdo, mas na riqueza de perseverar, na busca incessante em nos renovar e seduzir o outro à renovação. Mesmo sendo nós mesmos, o outro, como alerta Barros.

A gênese desta pesquisa advém de inconformações, questionamentos e reflexões como professor e formador de arte/educadores (e professores de Arte[2]), especificamente como orientador de estágio curricular supervisionado do curso de licenciatura em artes visuais da Faculdade de Educação e Cultura Montessori (Famec)[3] em São Paulo. Essas inquietações remeteram a situações e experiências que, ao longo de minha vida, conspiraram para o que sou hoje, mesmo incompleto e longe de ser pleno. Durante a minha graduação no curso de licenciatura em educação artística no Instituto de Artes da Unesp de São Paulo (IA-Unesp/SP), os estágios realizados, tanto na educação formal quanto não formal, foram-me muito significativos, influenciando minhas concepções de arte/educação e no campo de atuação do arte/educador.

E, hoje, como essa formação é percebida pelos licenciandos? O estágio na educação não formal contribui para a formação do futuro arte/educador e professor de Arte? Como os estagiários

---

[3] A Famec foi adquirida pela rede Estácio Uniradial em 2008. As turmas remanescentes ainda são consideradas da Famec, inclusive o grupo de amostragem acompanhado, enquanto os iniciantes de 2008 já são da nova rede de ensino superior.

percebem as relações entre a educação formal e a não formal por meio dos estágios? Afinal, os cursos de graduação em artes visuais deveriam incluir a educação não formal como parte de suas exigências curriculares?

As reflexões iniciais deste trabalho ecoam com a minha vivência profissional dos últimos anos como arte/educador. Após a graduação, atuei majoritariamente em projetos de arte/educação não formal em instituições culturais, em Organizações não Governamentais (ONGs) ou em projetos educacionais e sociais, como os dos Centros de Educação Unificados (CEU) da Prefeitura Municipal de São Paulo.

Concomitante a essas experiências, ao compor o corpo docente da Famec, inicialmente como professor de história da Arte, e depois, a partir de 2006, ao assumir as aulas de Prática de Ensino em caráter emergencial, as reflexões sobre a relação entre a educação formal e não formal começaram a se delinear com mais precisão. Naquele momento, ao estudar os regimentos internos que normatizam os estágios, fui percebendo o anacronismo em relação às deliberações do Conselho Nacional de Educação (CNE), que direcionam o padrão dos cursos de graduação de todas as áreas no país. Paulatinamente, foram incorporadas novas orientações e um novo regimento foi construído, porém ainda carente de maiores precisões. A partir de 2007, com a contratação de uma nova coordenadora, a professora Solange Utuari, as orientações de estágio passaram a ser mais bem definidas, especialmente pela experiência acumulada de Utuari como orientadora de estágios em outra instituição de graduação, além de sua pesquisa de mestrado, que incluía a situação de estágio (não formal) na formação de arte/educadores (UTARI, 2004). O aprofundamento das compreensões das normas do CNE levou, no entanto, à sugestão (ratificada pelo setor jurídico) de que os estágios realizados em situação de educação não formal não deveriam ser aceitos no cômputo das horas obrigatórias. Essa nova determinação provocou-me enorme insatisfação, tendo em vista minha própria trajetória entre a educação formal e não formal durante e após a graduação.

Quais possíveis limitações os alunos ajustados a estas normas poderiam sofrer em relação à construção de suas identidades docentes? Seria justificável a presença de estágios destas duas modalidades educacionais inter-relacionadas nos cursos de licenciatura em artes visuais?

Minha experiência como estagiário entre os anos de 1997 e 1998 foi muito proveitosa. Além de acompanhar a educação formal em escolas, inclusive onde terminei o ensino fundamental e com a mesma professora, estagiei em outras instituições que se valem da arte/educação como forma de mediação: a Fundação das Artes de São Caetano do Sul e o Sesc Vila Mariana.

A fundação é uma entidade que oferece cursos de teatro, dança, música e artes visuais a alunos de várias idades, semelhante à proposta da Escola Municipal de Iniciação Artística (EMIA) da Prefeitura de São Paulo, porém, atendendo também ao público adulto. As aprendizagens de docência nestas experiências foram pertinentes e diversificadas, ampliando meu repertório de técnicas artísticas, mediações estéticas e no trato com a diversidade de alunos/públicos. Oportunidades que, infelizmente, não eram tão evidentes no estágio na escola formal.

No Sesc Vila Mariana, outras experiências vieram à tona, aprofundando minhas concepções sobre o campo da arte/educação. Acompanhando oficinas, espetáculos e outros eventos, muitos conhecimentos foram construídos, porém o acontecimento-chave que tive a grata chance de acompanhar integralmente foi um programa de conferências internacionais de arte/educação que ocorreu lá em 1998: a "Compreensão e o prazer da Arte", organizado por Ana Mae Barbosa e Lilian Amaral. Esse evento foi crucial para o final de minha graduação, quando percebi, com um pouco mais de autonomia, a sincronia e a pertinência dos assuntos que tratávamos na universidade. Como estagiário, essas experiências marcaram minha trajetória em direção à construção da própria identidade como arte/educador.

Talvez este depoimento seja parcial, uma vez que tive momentos ímpares nestas experiências. Outros colegas estagiários também procuraram a educação não formal, nem sempre com vivências tão relevantes. Contudo, se as oportunidades não são permitidas, tais elaborações nunca terão a chance de se efetivarem e, dificilmente, permitirão a transformação epistemológica do sujeito, transformando também sua carreira de professor da educação formal.

Diante das reflexões levantadas, acredito que seja pertinente procurar analisar como os licenciandos em artes visuais pensam a própria formação e como percebem a dinâmica social na qual estão inseridos, pois fazem parte do contexto mais recente das transformações do ensino da Arte. Para tanto, a opção foi utilizar a metodologia do grupo focal como estratégia, aos moldes de uma pesquisa caracteristicamente qualitativa. Apesar da ampla aceitação das abordagens qualitativas nas pesquisas em educação nos últimos anos, seus pressupostos vêm sendo revisados e associados a outras abordagens conceituais, pois, de acordo com as novas realidades enfrentadas pelo pesquisador, surgem novas soluções metodológicas na tentativa de superar algumas das limitações percebidas, sobretudo nas pesquisas sobre educação (ANDRÉ, 1995). Na própria gênese das diferentes modalidades da abordagem qualitativa, encontram-se a pesquisa participante (ou participativa, ou emancipatória), a pesquisa-ação, a pesquisa etnográfica ou naturalística e o estudo de caso (LÜDKE e ANDRÉ, 1986). O grupo focal é uma estratégia de levantamento de dados vinculado às pesquisas etnográficas e/ou aos estudos de caso (CHAIM JR., 2007; GATTI, 2005). O grupo focal é definido por "um conjunto de pessoas selecionadas e reunidas por pesquisadores para discutir e comentar um tema, que é objeto de pesquisa, a partir de sua experiência pessoal" (POWELL e SINGLE apud GATTI, 2005, p. 7). É uma técnica não diretiva, na qual o mais importante é a interação e o diálogo entre os participantes para obter compreensões mais profundas sobre determinado tipo de problema.

    O papel do mediador/pesquisador é fundamental, uma vez que não se deseja uma entrevista em grupo, mas a troca entre os participantes de maneira mais livre possível. A experiência do mediador também é um elemento determinante para esta técnica, pois exige que o assunto não se perca, que o diálogo flua e que as participações sejam garantidas com um mínimo de intervenção. Bernardete Angelina Gatti (2005) aponta algumas necessidades para o grupo focal: sua constituição deve ser através de convite para livre participação; os componentes devem ser heterogêneos o suficiente para garantir diferentes opiniões, porém com algumas características comuns que interessam ao estudo do problema (variação/homogeneidade); não se recomenda que os participantes se conheçam profundamente ou conheçam o mediador, sob o risco de inibirem-se ou não exporem a totalidade de suas opiniões; a quantidade de participantes deve permanecer entre seis a 12 pessoas visando a interação grupal mais eficiente; o emprego de mais de um grupo é facultativo, porém modifica as possibilidades de alcance do estudo; recomenda-se o mínimo de informação para o debate, evitando a explicação detalhada que pode influenciar os discursos dos sujeitos. As condições da mediação também devem ser previstas. O local deve ser confortável o suficiente para garantir a plena atividade do grupo. Recomenda-se que o tempo da reunião dure entre uma hora e meia a três horas e que as sessões com o mesmo grupo não ultrapassem dois encontros. Gravações em áudio e vídeo também são recomendadas para posterior análise de acordo com as características dos grupos ou pelo perfil da pesquisa, com o alerta ao uso do videoteipe que pode potencializar a inibição no grupo.

Neste estudo, dois grupos focais foram formados: um de alunos que cursavam em 2008 o $4^{\underline{0}}$ e último ano do curso de artes visuais na modalidade licenciatura (alguns também cursavam o bacharelado simultaneamente) do IA-Unesp/SP, enquanto o outro grupo era composto por alunos do $6^{\underline{0}}$ semestre ($3^{\underline{0}}$ e último ano) de licenciatura em artes visuais da Famec. Seguindo as recomendações, os grupos foram concebidos de acordo com a disponibilidade e o livre-arbítrio de participação dos alunos, com a mínima interferência do mediador, mesmo que isto seja compreensivamente subjetivo: no grupo do IA-Unesp/SP a mediação foi mais impessoal e realmente mínima, enquanto com o grupo Famec esse posicionamento foi mais difícil, já que o mediador havia sido professor dos alunos. Em ambos os grupos a quantidade de participantes foi pequena; no entanto, a circulação orgânica das falas foi favorecida, com interlocuções constantes entre os alunos. Com cerca de uma hora para os dois grupos, muitos detalhes sobre a dinâmica de formação e os estágios foram discutidos, resultando em um material rico o suficiente para as análises propostas nesta pesquisa.

O uso do grupo focal como instrumento de coleta permitiu que o discurso e a opinião dos sujeitos fossem revelados, interferindo nas próprias ideias debatidas, tanto no grupo Famec quanto no grupo IA-Unesp/SP. A "evocação de aspectos mais ambíguos, mais contraditórios, mais diferenciados, mais tensos, menos consensuais ou menos usuais sobre o problema" (GATTI, 2005, p. 39) são os ganhos dessa técnica, fazendo avançar o conhecimento, o que se pretende com uma pesquisa.

Com os dados garantidos, foi necessário um olhar fenomenológico para escavar os possíveis sentidos que as falas e os diálogos dos participantes deixam transparecer, suas subjetividades e singularidades. A fenomenologia como corrente filosófica fundada por Edmund Husserl visa estabelecer uma fundamentação da ciência e da filosofia como método científico rigoroso (JAPIASSÚ e MARCONDES, 2006). Sob influência do pensamento de Franz Brentano, o qual postulava que existe uma intencionalidade dos atos da consciência, ou seja, a direção da consciência ao objeto, que define a própria consciência. Essa é a base da fenomenologia, que Husserl desenvolveu como uma resposta ao psicologismo e ao naturalismo que permeava os estudos alemães no fim do século XIX.

A fenomenologia pretende ser uma descrição "ingênua, fiel dos 'fenômenos'" (DUMAS apud JERPHAGNON, 1992, p. 315). Por fenômeno, entende Husserl, é o que se oferece simplesmente ao olhar intelectual, portanto sua maior preocupação é a descrição pura. Porém, esta descrição remete a significações ou interligações entre fenômenos distintos e correlatos. A intencionalidade, por Husserl, se revela na consciência, é consciência de alguma coisa (LYOTARD, 1967). O filósofo propõe a existência de uma "intuição imediata das realidades inteligíveis, das essências", que se oferece como uma coisa ou ideia em si mesma, sendo a essência "o conjunto dos atributos estáveis de um objeto de pensamento" (DUMAS apud JERPHAGNON, 1992, p. 316). Graças à "redução eidética", podemos perceber tal essência. Essa redução consiste em passar do fenômeno empírico à sua essência por meio da modificação arbitrária pela imaginação das variáveis do objeto, obtendo o que não varia, ou seja, sua essência.

Para abarcar as exigências deste estudo, algumas questões foram trazidas à tona e discutidas. Diante da necessidade em procurar os possíveis matizes do que define e/ou diferencia a educação formal da não formal, no primeiro capítulo tecem-se reflexões sobre estas definições por meio das pesquisas de José Carlos Libâneo (2002), Maria da Glória Gohn (2008), Jaume Trilla (2008) e Elie Ghanem (2008), que em seus contextos buscaram traçar os sentidos das diferentes modalidades de educação. Ainda neste capítulo, intenciona-se evidenciar o débito epistemológico e político que a Arte, como componente curricular da educação básica, tem para a educação não formal, analisando mais especificamente as contribuições da Escolinha de Arte do Brasil no Rio de Janeiro (EAB), pelo Movimento Escolinhas de Arte (MEA); da Proposta Triangular para o ensino de Arte e das atuais ações educativas levadas a cabo nas instituições de cultura, ONGs e afins que estão tratando com seriedade e pertinência a arte/educação na sociedade contemporânea.

O segundo capítulo é desenvolvido em prol da compreensão dos estágios supervisionados como elemento integrador dos cursos de licenciatura, promovendo a efetividade da práxis como meio (PIMENTA, 2001), e a construção da identidade e da profissionalidade docente como fim (CONTRERAS, 2002; GHEDIN, ALMEIDA e LEITE, 2008; PIMENTA e LIMA, 2009). Também são consideradas as leis de âmbito Federal e as deliberações na forma de pareceres e resoluções das câmaras competentes do Conselho Nacional de Educação do Ministério da Educação, que orientam os regimentos das instituições de ensino superior de todo país, inclusive as normas de cumprimento do estágio supervisionado. As pesquisas sobre a autonomia universitária e seus efeitos (RANIERI, 1994; LINHARES, 2005) são referenciadas neste capítulo como a principal estratégia para ampliar os sentidos dos estágios na educação não formal, especificamente pelas universidades.

O terceiro capítulo é dedicado à percepção analítica dos diálogos coletados nos grupos focais, buscando intersecções com as fundamentações discutidas ao longo da pesquisa. Ao suspender o olhar enviesado e coletor de informação pronta, nas falas e nos diálogos dos participantes de ambos os grupos foi possível encontrar, além das ideias e dos conceitos, as sutilezas do pensamento, a modelagem das concepções e o desenvolvimento atento das convicções em torno dos sentidos de ser educador, sobretudo por meio dos estágios supervisionados.

Na elaboração deste trabalho muitas considerações são reveladas, incorporadas e revistas. O movimento incessante de (re)pensar todos os conhecimentos e saberes levantados pela pesquisa impede-me, por vezes, de enxergar o encerramento, mesmo que provisório, desses estudos. Almejo que essa contribuição seja como as borboletas de Barros: renovadoras dos homens como têm sido para mim.

1. A educação não formal e o desenvolvimento do ensino da arte no Brasil

A proclamada morte da História que significa, em última análise, a morte da utopia e do sonho, reforça, indiscutivelmente, os mecanismos de asfixia da liberdade.
(...) Desproblematizando o tempo, a chamada morte da História decreta o imobilismo que nega o ser humano.

Paulo Freire[4]

As compreensões sobre um fato ou um contexto, por mais complexas que sejam, necessitam, por vezes, de um exame que vasculhe em seus delineamentos os vestígios deixados por seus agentes ou por suas ações. Ao apagar tais indícios, intencionalmente ou não, por descuido, omissão ou desconhecimento, dificulta-se o conhecimento do hoje e do amanhã. Isso porque, em educação e em ciências humanas em geral, o homem também é sujeito histórico, e, como tal, mobilizado pelo sonho que nutre seu porvir e que, equacionado imprecisamente com as coisas que compõem o mundo e a realidade, reflete seu anseio na busca libertária de "como se chega a ser o que se é" (NIETZSCHE apud LARROSA, 2006, p. 75).

Sem a pretensão de ser um sonho, porém desejando oferecer olhares que contribuam para a educação, o presente capítulo traz uma análise sobre as relações entre a educação não formal e o ensino da Arte, ensino este hoje garantido legalmente nos sistemas

---

[4] FREIRE, Paulo. Pedagogia da autonomia, p. 115.

oficiais da educação básica no país. Para situar essa análise, buscou-se inicialmente entendimentos sobre as modalidades de ensino, formal e não formal, pelo ponto de vista dos estudos teóricos dos fenômenos educacionais de José Carlos Libâneo (2002), de Maria da Glória Gohn (2008), de Jaume Trilla (2008) e de Elie Ghanem (2008) e de reflexões de pesquisas acadêmicas como a de Valéria Peixoto Alencar (2008).

Parto do pressuposto de que a atual condição do ensino da Arte como disciplina obrigatória nas escolas é reflexo direto de iniciativas da arte/educação não formal que surgiram nos ambientes culturais, amparadas pelo contexto de transformações na educação e que demandavam novas posturas epistemológicas (e políticas) de seus atores. Para tanto, uma análise histórica que incida sobre esse contexto específico é indispensável para a compreensão dos novos desafios de natureza semelhante que vêm sendo percebidos na arte/educação contemporânea. Para garantir a acuidade da análise, optou-se pela seleção de três importantes marcos no percurso da arte/educação no Brasil em diferentes tempos históricos: as ações do Movimento Escolinhas de Arte (MEA) a partir da década de 1950, a sistematização da Proposta Triangular para o ensino da Arte em meados da década de 1980, e as recentes contribuições do conceito de mediação cultural e social para arte/educação pelas pesquisas, estudos e debates acerca das ações educativas desenvolvidas em museus e instituições culturais.

Essas iniciativas foram e/ou têm sido construídas ao longo do processo dialético das inter-relações da própria Arte com os procedimentos, saberes e ações do ensino da Arte ao longo dos séculos XX e XXI. Como parte dessa dinâmica, as modalidades de ensino formal e não formal envolveram-se de maneira determinante na conformação dos três marcos citados, e ainda provocam interações muito significativas para serem esquecidas tanto pelo ensino da Arte quanto para as reflexões sobre a formação de seus agentes, os arte/educadores.

1.1 As modalidades de educação: formal, não formal e informal

O universo das diferentes formas de organizar estruturalmente o fenômeno educacional é amplamente explorado pelos especialistas da educação, gerando compreensões que variam de acordo com os embasamentos ou os contextos que os cercam. Fazem parte dessas reflexões as distintas classificações sobre as modalidades de educação formal e não formal, bem como uma terceira categoria, a informal.

Parto da classificação de modalidade de educação de José Carlos Libâneo (2002), que a analisa como formal, não formal e informal. Ao discorrer sobre os significados da educação e suas características, Libâneo propõe um encadeamento de reflexões consistentes perpassando a necessidade de se pensar tais modalidades, considerando a complexidade e a multidimensionalidade do fenômeno educativo. Ao problematizar os conceitos que a educação carrega, desde suas raízes etimológicas, suas fundamentações históricas e filosóficas, alcançando os sentidos institucionais, processuais e de produto, bem como a setorização dos serviços educacionais, clarifica a busca por um viés analítico sobre as condições de ocorrência dessas modalidades.

Em geral, quando o assunto não é o foco dos estudos, há uma tendência em separar a educação formal da não formal, sendo esta última comumente considerada sinônimo de informal. A própria lógica empregada para diferenciar a educação não formal da informal, por vezes, torna-se fonte de questionamentos e imprecisões. Como parte das relações sociais, "os valores, os costumes, as ideias, a religião, a organização social, as leis, o sistema de governo, os meios de comunicação" (LIBÂNEO, 2002, p. 87) são elementos determinantes da prática educativa, sendo que boa parte dessa prática ocorre de modo não intencional, não sistemático, não planejado, constituindo, assim, a educação informal. Jaume Trilla (2008) alerta, porém, que é impossível dissociar uma intenção educativa aos pais que zelam pelo desenvolvimento de seus filhos, exemplificando as implicações que esse pensamento poderia gerar. Nesse caso, Trilla descarta a intencionalidade como única fronteira definidora da educação informal com as demais. Mesmo a não sistematização ou a ausência de metodologia poderia conferir uma segurança para o conceito, uma vez que se pode considerar que os meios de comunicação de massa inundam sistemática e metodologicamente a sociedade com seus (contra)valores. Segundo Trilla (2008):

> (...) estaríamos diante de um caso de educação informal quando do o processo educacional ocorre indiferenciada e subordina-

damente a outros processos sociais, quando aquele está indissociavelmente mesclado a outras realidades culturais, quando não emerge como algo diferente e predominante no curso geral da ação em que o processo se verifica, quando é imanente a outros propósitos, quando carece de um contorno nítido, quando se dá de maneira difusa (que é outra denominação da educação informal). (TRILLA, 2008, p. 37)

Dessa forma, é o critério de diferenciação e de especificidade da função educacional que distingue a educação informal das demais. Essa modalidade educativa atua primordialmente na constituição das personalidades no processo de socialização, permeada pelo caráter difuso da vivência social, ocorrendo em qualquer lugar, inclusive nos espaços de educação formal.

Por outro lado, a intencionalidade pontua concretamente as modalidades formal e não formal de educação, demandadas pela própria construção sócio-histórica da sociedade que tornou necessária a transposição de saberes do progresso científico e humano, dos processos de modernização, complexidade e participação na coletividade. Partindo do significado do termo "formal", que implica forma, "algo inteligível, estruturado, o modo como algo se configura" (LIBÂNEO, 2002, p. 88), a educação formal constitui-se, portanto, na educação sistemática, estruturada, paramentada, planejada intencionalmente, tal qual o exemplo típico da educação escolar convencional regulamentada pelo Estado. A tênue linha que separa a educação formal da não formal seria apenas o "baixo grau de estruturação e sistematização, implicando certamente em relações pedagógicas, mas não formalizadas" (LIBÂNEO, 2002, p. 89).

Novamente, Trilla (2008) oferece alguns matizes mais detalhados a respeito dessas classificações modais. Para ele, a educação formal pode depender de dois critérios, nem sempre compatíveis: o metodológico e o estrutural. Ao se pensar a educação formal como a escolar, metodologicamente, pode-se considerar os elementos caracterizadores da prática escolar: constituição de uma forma coletiva e presencial[5] de ensino e aprendizagem; a escola como espaço próprio; tempos e horários predeterminados de atuação; separação institucional do professor e do aluno; pré-seleção e ordenação dos conteúdos e contexto de aprendizagem sistematizada (TRILLA, 2008). Assim, com a definição de Libâneo (2002), à educação não formal, neste caso, basta romper com alguma destas características, ou seja, distanciar-se das formas convencionais das práticas da escola.

O critério estrutural baseia-se na inserção e não em uma organização educacional graduada e hierarquizada direcionada à confirmação de títulos acadêmicos.

> Aplicando-se tal critério, a distinção entre o formal e o não formal é bastante clara: é uma distinção, por assim dizer, administrativa, legal. O formal é aquilo que assim é definido, em cada país e em cada momento, pelas leis e outras disposições administrativas; o não formal, por outro lado, é aquilo que

---

[5] Categoricamente Trilla considera o regime presencial uma característica formal pelo critério metodológico. Em um exemplo, ele cita: "uma universidade à distância seria não formal conforme o primeiro critério [metodológico] e formal conforme o segundo [estrutural]" (p. 41).

permanece à margem do organograma do sistema educacional graduado e hierarquizado. Os conceitos de educação formal e não formal apresentam, portanto, uma clara relatividade histórica e política: o que antes era não formal pode mais tarde passar a ser formal, do mesmo modo que algo pode ser formal em um país e não formal em outro. (TRILLA, 2008, p. 40)

A distinção entre o formal e o não formal é, essencialmente, de escolha administrativa, amparada por disposições legais dos colegiados competentes. Essa concepção do critério estrutural é de entendimento capital e será retomada nas análises normativas do estágio curricular supervisionado dos cursos de licenciatura, um dos focos do Capítulo II.

A escolha entre um critério ou outro não é irrelevante. Como nem sempre são compatíveis,[6] um critério pode gerar definições antagônicas em relação ao outro. Trilla opta pelo critério estrutural, uma vez que na educação não formal "cabe o uso de qualquer metodologia educacional; até mesmo daquelas que são mais usuais na instituição escolar" (TRILLA, 2008, p. 41-42). Maria da Glória Gohn (2008), discorrendo sobre a cultura política especificamente na educação não formal, corrobora com ambas as taxonomias, de Libâneo e de Trilla:

> Usualmente se define a educação não formal por uma ausência, em comparação ao que há na escola (algo que seria não intencional, não planejado, não estruturado), tomando como único paradigma a educação formal. Concluímos que os dois

---

[6] Cf. nota de rodapé anterior.

únicos elementos diferenciadores que têm sido assinalados pelos pesquisadores são relativos à organização e à estrutura do processo de aprendizado. (GOHN, 2008, p. 100-101)

Percebemos o caráter idiossincrático que forçosamente passa a definir as diferenças entre a educação formal e a não formal. Enquanto a educação informal emerge das situações de relação social de maneira difusa, a distinção entre a formal e a não formal pode ser descrita pela profundidade da sistematização de seus procedimentos ou pelas disposições normativas sobre a educação formal.

1.1.1 A educação não formal e a sociedade contemporânea

Existe, portanto, uma inter-relação entre a educação formal e a não formal. Paradoxalmente, parece evidente que a modalidade não formal só pôde ser percebida a partir da constituição da educação formal. Esse paradoxo é evidenciado porque a instituição escolar moderna, como se concebe estruturalmente hoje, é relativamente recente.

Pode-se dizer que a educação dita formal é muito recente na história humana. Não porque ela coincida – o que é um fato – quase completamente com a educação escolar, pois esta já existia séculos antes de Cristo, na Antiguidade clássica. Mas porque o caráter formal da educação decorre essencialmente de um conjunto de mecanismos de certificação que formaliza a seleção (e a exclusão) de pessoas diante de um mercado de profissões estabelecido que começou a se configurar há cerca de 250 anos. (GHANEM, 2008, p. 60)

Sendo a educação formal uma modalidade de existência recente, a lógica construída até então poderia forçar a pensar que todo conhecimento sistematizado do homem anterior ao aparecimento desta instituição é de caráter informal. Porém, assim, seria ela mesma contraditória. Seria, sim, a educação não formal – intencional, relativamente sistematizada e claramente organizada –, que garantiria a perpetuação dos conhecimentos e das transformações da sociedade, em espaços alternativos ao que seriam as escolas. Essa relação dialética entre as três modalidades de educação estão imbricadas desde o surgimento das instituições escolares e dos sistemas modernos de educação sistematizada.

A educação não formal, principal foco desta pesquisa, vem sendo crescentemente analisada pela Academia, uma vez que surge como produto de uma era que acena para o envolvimento diferenciado de novas propostas de educação e de transformação social. Trilla (2008) apresenta quatro principais âmbitos de ação que acolhem a educação não formal:

A. O âmbito da formação ligada ao trabalho: concomitante com a formação oferecida pela educação formal, programas de formação continuada, formação ocupacional, escolas-oficinas, formação para o primeiro emprego, entre outros, são iniciativas assumidas por outras organizações não formais.

B. O âmbito do lazer e da cultura: primordialmente associada com a questão do tempo livre e do acesso à cultura, produzindo o exercício da cidadania e a ampliação da percepção social, as propostas que vêm associando o desenvolvimento da cultura corporal, a animação sociocultural e as propostas de ação educativa em espaços públicos vêm demonstrando sinais de incentivo e crescimento.

C. O âmbito da educação social: campo em franca expansão, tem arregimentado programas e instituições destinados a pessoas ou grupos que se encontram em situação de conflito social ou mesmo que procuram catalisar a percepção da realidade social.

D. O âmbito da própria escola: iniciativas que partem da escola para a ampliação das ações educacionais, agregando propostas da educação formal com a não formal (atividades extracurriculares, projetos de educação em tempo integral, visitas a instituições culturais etc.).

Tais âmbitos denotam, claramente, a ascensão dos programas, projetos, atividades e instituições que elegem a educação não formal como meio efetivo de construção de saberes para a sociedade contemporânea. Valéria Peixoto Alencar (2008), em sua pesquisa sobre a Mediação Cultural, reflete esta questão à luz das ações educativas em espaços culturais e expositivos, entrelaçando inquietações sobre a própria natureza do trabalho realizado nestas instituições:

> Assim, quando iniciei esta discussão apresentando minha opção em caracterizar o trabalho educativo em exposições como sendo não formal, concordando com as palavras de Grinspum, pensei numa estrutura específica desta atividade, que leva em conta procedimentos próprios da educação não formal que é intencional. (ALENCAR, 2008, p. 21)

Além da ampliação de oferta de serviços educativos em espaços culturais, o advento de novas realidades socioeconômicas, como a globalização da economia mundial, favoreceu o aparecimento de novas instâncias na sociedade, o chamado terceiro setor,[7] que arregimentam as organizações não governamentais (ONGs), as instituições financiadas pela iniciativa privada e/ou estatal e, até mesmo, as novas políticas fiscais incentivando o investimento na área educacional e cultural (GOHN, 2008). Portanto, a atuação do arte/educador na educação não formal vem conquistando cada vez mais terreno e os estudos sobre esta crescente demanda indicam as próprias transformações da educação contemporânea. Instituições culturais, como museus e espaços expositivos, privadas ou públicas, e suas contribuições para a arte/educação vêm sendo investigadas por um crescente número de pesquisadores (RIZZI, 1999; GRINSPUM, 2000; UTUARI, 2004; ORLOSKI, 2005; MOURA, 2007; ALENCAR, 2008; BARBOSA e COUTINHO, 2009; entre outros), fazendo-se necessária a ampliação de fóruns sobre o assunto, na formação inicial, assim como na nossa própria sociedade hoje.

---

[7] Trata-se de uma categorização social, segundo a qual o primeiro setor é representado pelo Estado governamental, o segundo setor pelo mercado e o terceiro setor pelas iniciativas públicas ou privadas de participação civil, sem fins lucrativos e com fins públicos. A expressão terceiro setor tem sido usada para "designar um conjunto complexo e mais abrangente de interveniências da sociedade civil" (Carvalho, 2008, p. 25), das quais fazem parte as ONGs (organizações não governamentais).

1.2 O ensino da Arte no Brasil e a educação não formal: débitos epistemológicos

Hoje, ao refletirmos sobre os encaminhamentos da arte/educação na sociedade contemporânea brasileira, nos deparamos com uma imensurável lista de desafios, desde a formação de seus agentes mediadores até o impacto cognitivo diante das necessidades demandadas pelos sujeitos complexos, multidimensionais e globais (MORIN, 2000) do mundo de hoje. Como explicitado no início deste capítulo, a retomada histórica sobre o desenvolvimento e as transformações do ensino da Arte nos últimos anos pode contribuir para a percepção mais acurada da própria realidade em que estamos imersos.

Conforme as reflexões de Ghanem (2008), a configuração das áreas de conhecimento para a sistematização como educação formal está intimamente conectada com a não formal, ou seja, pode nascer de uma necessidade externa à escola para posteriormente ser reconhecida – não sem esforços, lutas e diálogos – como componente básico do currículo desta, como foi (e está sendo) o ensino da Arte na escola.

Dentre os fatos que concretizaram essa conquista da Arte na educação formal básica, destaco três contribuições epistemológicas (e políticas) resultantes do entrelaçamento entre a educação formal e a não formal: o Movimento Escolinhas de Arte do Brasil (MEA), a Proposta Triangular para o ensino da Arte e o debate sobre a mediação cultural nas ações educativas em espaços institucionais de cultura, que vem se configurando como uma vertente potencialmente significativa para o debate da arte/educação pós-moderna.

1.2.1 A Escolinha de Arte do Brasil e o Movimento Escolinhas de Arte

A primeira iniciativa citada é o Movimento Escolinhas de Arte (MEA), surgido em meados de 1952. Porém, sua história começa antes, com a fundação da primeira escola intitulada Escolinha de Arte do Brasil (EAB), em 1948, no Rio de Janeiro, pelos artistas e educadores Augusto Rodrigues, Margaret Spencer e Lúcia Alencastro Valentim. Ao fundar a EAB, esses educadores procuraram aproximar as discussões mais avançadas de arte/educação da época, oferecendo uma nova opção à sociedade brasileira. Situada nas dependências da Biblioteca Castro Alves, o próprio nome foi dado pelas crianças, como explica Augusto Rodrigues.

> Quando a Escolinha realmente começou, creio que a tendência era ela se chamar Escolinha Castro Alves, porque estava na Biblioteca Castro Alves. Mas não quis dar nome à Escolinha. Estávamos realmente fazendo uma experiência em aberto, até o momento em que começamos a sentir que precisava de um nome. Aí é que surgem as crianças que começavam a dizer: "amanhã eu venho à Escolinha", e elas só chamavam de Escolinha. Percebi de imediato que elas faziam uma distinção entre a escola institucional e aquele lugar que elas passaram a chamar de Escolinha. Escolinha, no diminutivo, como com-

> ponente afetivo. Uma era a escola onde ela ia aprender, a outra onde ela ia viver experiência, expandir-se, projetar-se. Então foram elas mesmas que deram o nome. (RODRIGUES apud BRASIL, 1980, p. 39)

Nesse depoimento, além do zeloso respeito às ideias e opiniões das crianças, também transparecem as diferenças entre as duas formas de educação: uma institucional (com características da educação formal) onde apenas "aprenderiam" e a outra não formal, alcunhada carinhosamente no diminutivo, na qual as crianças viveriam experiências significativas em Arte. O próprio Augusto Rodrigues carregava em sua história as dificuldades em enfrentar uma escola formal repressora e desinteressante.

> A escola era sombria, triste, a professora também era sombria e eu sentia uma preocupação dessa professora em imprimir em nós alguma coisa que não tinha nenhum sentido. Teríamos que aprender o que interessava a ela ensinar e teríamos que abdicar daquilo que era mais fundamental para nós, que era brincar. [...] A escola era um suplício. Metiam à força na cabeça dos meninos tudo que não queriam nem estavam interessados em aprender. Eu nunca me adaptei. Acabei expulso. Detesto até hoje a escola repressiva. (RODRIGUES apud BRASIL, 1980, p. 13)

Entre outros fatores, a EAB surgiu do sonho desse visionário, junto de Spencer e Valentim, em oferecer uma opção às crianças, cuja tônica seria o pleno desenvolvimento das mesmas, orientando e não impondo a construção do conhecimento através da arte. A realidade vivida na infância por Rodrigues no início do século XX, infelizmente, ainda assombra grande parte dos estudantes das escolas hoje, apesar do constante debate sobre a gravidade da "educação bancária", definida por Paulo Freire como o processo educativo no qual o professor é o depositante e o aluno o depositário do conhecimento (FREIRE, 2005). Assim como no passado, as vivências em espaços de educação não formal podem se constituir como potenciais fóruns de troca entre educadores, formando uma rede interativa e auxiliando o professor na adequação de suas estratégias, além de aproximá-lo dos debates mais recentes na área.

Nessa perspectiva, a EAB logo de início se configurou como espaço experimental de pesquisa e diálogo entre vários profissionais, como artistas, educadores, médicos e psicólogos, que "passavam de observadores a colaboradores da EAB" (RODRIGUES, 1973, p. 252). O ambiente se tornara favorável a mudanças nas concepções educativas, aumentando o interesse dos profissionais sobre o desenvolvimento cognitivo da criança e, no caso da arte/educação, sobretudo, com a implementação da livre expressão inspirada nas metodologias de ensino da arte europeia após a Segunda Guerra Mundial, especialmente na Inglaterra, França e Áustria. Segundo Ana Mae Barbosa:

> [...] a ideia da livre expressão somente alcançou a escola pública durante os anos 1930, quando outra crise político-social, a mudança da oligarquia para a democracia, exigiu reformas educacionais. O movimento da Escola Nova explodiu então no país, tentando transformar o deficiente sistema de educação. (BARBOSA apud BRASIL, 1980, p. 109)

Houve muita controvérsia sobre a livre expressão. A sociedade da época via esse processo com ceticismo, questionando sua eficiência. Os próprios professores ficaram confusos sobre o que seria essa liberdade, como avalia Maria Cristina Alves dos Santos Pessi (1990) em sua publicação sobre a história da Escolinha de Arte de Florianópolis:

> [...] esta liberdade de expressão é mal interpretada por alguns arte-educadores que passam a pensar que a sua função é simplesmente distribuir material e não orientar a criança no seu trabalho. Orientar não é interferir na atividade criadora, e para que a criança tenha um desenvolvimento ideal ou um conhecimento em arte, é preciso que ela seja bem estimulada. Cabe ainda salientar que estimular não é interferir na atividade da criança. (PESSI, 1990, p. 28)

Ainda sobre a proposta expressionista na EAB, buscou-se um tipo de professor cujo papel ainda não havia sido compreendido pela sociedade brasileira do período, um papel que se distanciava do modelo tradicional, no qual o mestre deposita o conhecimento no aluno. Esse fato pode ser observado nas palavras de Natalício Norberto em fragmento da reportagem "Criam com as crianças seu mundo de arte" do periódico *O Tempo* de 02 de outubro de 1952:

> Na Escolinha, o professor – no sentido lato que damos à palavra – não existe. Porque sua finalidade, aí, não é ensinar o que a criança deve fazer, obrigando-a a concluir trabalhos ou seguir técnicas. Não. Seu objetivo é completamente outro: é proporcionar às crianças ambiente favorável ao seu desenvolvimento, esti-

mulando-lhes a autoexpressão, inclusive promovendo os meios materiais e as oportunidades para a aprendizagem das diversas artes, sem, no entanto, anular-lhes a iniciativa com disciplinas e teorias. (NORBERTO apud BRASIL, 1980, p. 43-44)

Cabe salientar que as concepções reducionistas sobre a livre expressão ainda circulam com frequência no meio educacional. Atualmente, o *laissez faire* é a tônica de parte dos professores de Arte atuantes que, por temor de engessarem seus alunos em metodologias tidas como repressivas ou por falta de conhecimento prático, reduzem suas aulas ao "faça o que quiser fazer", acrítico e sem sentido. Vale notar que a aceitação gradual e insistente da livre expressão fez surgir uma legião de professores seguidores deste modelo, especialmente a geração formada sob a influência da EAB nas décadas anteriores às de 1970, cujas crenças ainda se fazem sentir, por vezes, nas falas dos atuais professores ou no senso comum da sociedade quando falam da "genialidade inata", da "não diretividade da arte" ou "a espontaneidade criadora". Apesar das grandes contribuições conceituais e históricas para a arte/educação, a EAB (ou as interpretações que dela fizeram) também plantou ideias que passaram a ser vistas como questionáveis na prática do ensino de Arte.

Essa concepção, porém, baseava-se em uma das diretrizes significativas da EAB que era o respeito incondicional à criança, seja qual fosse sua origem e suas opiniões. Este audacioso pensamento confluía com os debates mais significativos de seu tempo, inspirado nos ideais de Franz Cizek, Herbert Read, Victor Lowenfeld,

John Dewey e Carl Jung, além das contribuições de peso no Brasil como as de Anísio Teixeira, Javier Villafañe, Helena Antipoff, Ulisses Pernambuco e Nise da Silveira (BRASIL, 1980). A garantia de acesso também foi um dos esforços da Escolinha, com relatos da então diretora técnica Noêmia Varela sobre os alunos excepcionais[8] e da arte/educadora Lúcia Alencastro Valentim sobre crianças abandonadas nas ruas que se aproximaram das atividades da EAB (BRASIL, 1980). Dessa maneira, a Escolinha configurava-se como um dos bastiões da vanguarda educacional no século XX, recebendo visitas e estagiários de várias partes do Brasil e do mundo.

Essa difusão tem sido conseguida principalmente através dos professores dos mais longínquos recantos do país que vêm conhecer a experiência da Escolinha. Muitos estrangeiros acham impressionante como uma escola particular pôde influir de maneira tão ativa em todo sistema educacional do país. (RODRIGUES apud 20 ANOS..., 1968, p. 57)

Nos anos após a fundação da EAB, em 1948, houve um crescente interesse sobre as experiências desenvolvidas e sua sede se mudou da Biblioteca Castro Alves para outro local mais estruturado, além de inspirar entusiastas e educadores a abrirem unidades da Escolinha em outros lugares, como Porto Alegre, Santa Maria, Recife, Alagoas, João Pessoa, Cachoeiro do Itapemirim, Floria-

---

[8] VARELA, Noêmia. 20 anos da Escolinha de Arte: uma experiência viva em educação. Revista Visão, 7 jun. 1968.

nópolis, São Paulo e outras dezenas de cidades brasileiras,[9] além de unidades na Argentina, Paraguai e Portugal, configurando-se como Movimento Escolinha de Arte durante as décadas de 1950, 60, 70 e 80. Exposições dos trabalhos infantis rodaram o mundo, e geraram depoimentos como o do pintor francês Fernand Léger para a mostra em Paris, em 1954: "Eu vi as gravuras dos alunos da Escolinha de Arte do Brasil, são uma verdadeira mensagem das crianças do Brasil para as nossas crianças europeias" (LÉGER apud BRASIL, 1980, p. 90, tradução nossa).

Na EAB, a ampliação dos serviços oferecidos tornou-se inevitável: dos cursos para crianças passaram a desenvolver outros para adolescentes, visto que com o passar do tempo seus alunos não queriam se afastar da Escolinha. O curso para adultos foi mais um passo, culminando no Curso Intensivo de Arte e Educação (CIAE), que constituiu, desde seu início em 1961 até a Lei Federal nº 5.692/71, o único curso para professores de especialização em educação por meio da arte. Por isso, desde a implantação do CIAE, sua diretora Noêmia Varela já propunha o entrelaçamento da formação da/na Arte "a partir de experiências realizadas no âmbito da educação formal e não formal" (VARELA, 1986, p. 17).

---

[9] Segundo Ana Mae Barbosa (2008, p. 5), no ápice da influência das Escolinhas de Arte, somente no Rio Grande do Sul chegou a haver 23 unidades, confluindo para o surgimento do Movimento Escolinhas de Arte (MEA). Em São Paulo, apesar do tempo relativamente curto de funcionamento (1968-71), a Escolinha de Arte de São Paulo (EASP) contribuiu com diversas inovações para a concepção de ensino e aprendizagem da Arte, trabalhando com projetos que introduziam as crianças e adolescentes às linguagens da fotografia, da televisão, dos objetos de design e da moda (Barbosa, 2008, p. 9), elementos que estão hoje na pauta de discussão das aulas de Arte na pós--modernidade, na escola e nos cursos de formação de arte/educadores.

É um curso (CIAE) provocador do que chamamos prontidão para mudanças, muitas vezes bem sensíveis – seja no próprio professor-aluno, seja em escolas e outras instituições – alargando, estrategicamente, dimensões da personalidade e estendendo as fronteiras da experiência nas Escolinhas de Arte. (...) A equipe de professores do Curso Intensivo vem sendo formada de modo singular e, mais uma vez, Augusto Rodrigues, na época, inovou quando, na procura de solução para formá-la, chamou não somente o professor titulado e com experiência de alto nível, mas também, conquistou para essa equipe o artista, o artesão, o crítico de arte, o jornalista, o técnico de futebol, o poeta, o cientista e todo aquele capaz de alargar a percepção do professor-aluno. A diversidade de formação do staff de professores e a heterogeneidade do grupo de professores-alunos têm constituído fonte de renovação desse curso. (VARELA, 1986, p. 17-18)

Varela destaca a proposta inovadora do CIAE em direção à formação do arte/educador mais integrado à complexidade que demanda a mediação da Arte à sociedade, em que apenas o saber sistematizado pela academia não era suficiente para o ensino da Arte que se fazia necessário.

Com a homologação da Lei Federal nº 5692/71 e o surgimento da disciplina de Educação Artística no 1º e 2º graus (atual Ensino Fundamental e Médio), demandou-se a abertura de cursos de licenciatura em educação artística, o que veio a se concretizar a partir de 1973 (COSTA, 1990). A partir da década de 1980, o

MEA sofreu profundas mudanças em seu funcionamento.
(...) Noêmia Varela, que dedicou-se intensamente à formação do arte-educador ao longo de seu trabalho, em 1981, fora obrigada a pedir demissão da Escolinha de Arte do Brasil. Sua saída, entre outros fatos, contribuiu muito para o enfraquecimento atual da Escolinha, principalmente do CIAE, que passou a ser visto de forma menos relevante por profissionais da área de Arte-Educação, havendo inclusive uma espécie de qualificação menor para quem o fez após 1981. (COSTA, 1990, p. 41)

A EAB e o MEA foram iniciativas que, durante décadas, lideraram a articulação coletiva dos professores de Arte em prol do seu ensino na educação formal como área de conhecimento, luta esta que se estende até os dias de hoje.[10] Apesar da diluição gradual do MEA (COSTA, 1990), algumas Escolinhas de Arte continuam, até hoje, proporcionando a educação pela arte de crianças a professores que estejam interessados em ampliar seu olhar educador, com respeito e dignidade, como as Escolinhas de Arte do Recife, de Florianópolis e da própria EAB, que segue em operação e inspirando estudos sobre a área.

Os avanços da arte/educação pós-moderna somente foram

---

[10] Em depoimento no livro O ensino da arte: memória e história, Barbosa (2008, p. 18-22) relata seu ponto de vista sobre a tentativa de desobrigar o ensino da Arte na educação formal na década de 1990, com a então futura Lei de Diretrizes e Bases da Educação Nacional, que estava sendo debatida e, paulatinamente, definida. Após muita negociação entre políticos, educadores, pesquisadores e outras figuras de influência, a manutenção do ensino de Arte na educação básica foi finalmente garantida principalmente com o artigo 26, § 2º: "O ensino da arte constituirá componente curricular obrigatório, nos diversos níveis da educação básica, de forma a promover o desenvolvimento cultural dos alunos" (BRASIL. Lei Federal nº 9.394 de 20 de dezembro de 1996).

possíveis a partir de proposições pioneiras, como as ações da EAB, uma instituição de educação não formal, e pelo MEA, especialmente em sua crucial participação para a inclusão da Educação Artística na educação básica a partir de 1971. Ressalta-se ainda outra iniciativa precursora que transformou a quase inexistente formação de arte/educadores: a criação do CIAE que, ao formar professores de Arte de "dentro" da EAB, configurou-se em um espaço simultaneamente de formação e de estágio, influenciando uma legião de arte/educadores e incentivando o surgimento de tantas Escolinhas pelo Brasil. Como consequência, houve a propagação de outros ideários para o ensino da Arte, como o respeito ao repertório do aluno, o uso de referências culturais locais, a experimentação estética, entre outros, ao passo que outros valores disseminados demandam, ainda hoje, a revisão e a modificação de concepções, como as propostas da livre expressão redutora. Por todas essas provocações (re)estruturadoras, a EAB e o MEA proporcionaram condições que favoreceram as transformações que desembocaram no atual panorama da arte/educação.

1.2.2 A Proposta Triangular para o ensino da Arte

Outro marco da arte/educação contemporânea brasileira a ser destacado é a Proposta Triangular para o ensino da Arte. Estudada e sistematizada com a contribuição crucial de experiências educacionais em um museu público de Arte, sinaliza novamente a pertinência dos espaços de educação não formal como elementos determinantes de uma renovação do pensar/ensinar Arte. Considerado como uma das vertentes de ensino da Arte na pós-modernidade, vem suprindo a demanda de se discutir a produção artística e estética da humanidade interconectada aos diferentes sujeitos/coletivos em seus contextos específicos.

> A Proposta Triangular foi sistematizada a partir das condições estéticas e culturais da pós-modernidade. A pós-modernidade em arte/educação caracterizou-se pela entrada da imagem, sua decodificação e interpretações na sala de aula junto à já conquistada expressividade. (BARBOSA, 2008, p. 13)

A Proposta Triangular integra três vetores epistemológicos: a contextualização, a produção (fazer Arte) e a leitura da obra de Arte. O vetor ou eixo contextualização é uma "forma de conhecimento relativizada" (BARBOSA, 1998, p. 38) e pode ser "histórica, social, psicológica, antropológica, geográfica, ecológica, biológica etc." (BARBOSA, 1998, p. 37). Fazer Arte se refere às operações mentais e ações concretas que possibilitam a implementação real de um projeto artístico e estético; e a leitura, inspirada inicialmente no *reader response*, movimento de crítica literária norte-americano que

> Não despreza os elementos formais, mas não os prioriza como os estruturalistas o fizeram; valoriza o objeto, mas não os cultua, como os deconstrutivistas (sic); exalta a cognição, mas na mesma medida considera a importância do emocional na compreensão da obra de arte. (BARBOSA, 1998, p. 35)

Esses vetores não possuem hierarquia, articulando-se continuamente em suas ocorrências, permitindo novas reflexões e desdobramentos, como a sugestão pela própria autora da Proposta Triangular em forma de "zigue-zague"[11] (BARBOSA, 2005b, p. 15).

A sistematização dessa proposta tem a influência das intensas pesquisas de Barbosa sobre as experiências significativas de ensino da Arte, em especial das Escuelas al Aire Libre mexicanas, dos Critical Studies ingleses e do Movimento de Apreciação Estética aliado ao Discipline Based Art Education (DBAE) norte-americano (BARBOSA, 1998). Apenas a primeira vertente, as Escuelas al Aire Libre, não se configura exatamente como uma proposta pós-moderna, porém essas escolas que surgiram no México logo após a Revolução Mexicana (1910) contribuíram para a percepção da inter-relação da "arte como expressão e como cultura na operação de ensino-aprendizagem" (BARBOSA, 1998, p. 34). O Critical Studies surgiu na Inglaterra na década de 1970, postulando a apreciação da obra de Arte que envolvesse sua leitura, análise e reconhecimento em um cenário histórico, estético e técnico, contra uma apreciação descomprometida epistemologicamente (RIZZI, 2008). O DBAE, traduzido por Rizzi como Arte/Educação, entendido como Disciplina, é uma proposta criada a partir de 1982 por uma equipe de pesquisadores e educadores, patrocinada pelo Getty Center for Education in Arts nos Estados Unidos da América, que propunha que o ensino da

---

[11] "Curiosamente foi buscando correspondências de estratégias pedagógicas e harmonia de experiências que entendi que já havíamos transformado a Abordagem Triangular em zigue-zague, pois a contextualização sendo condição epistemológica básica de nosso momento histórico, (...) não poderia ser vista apenas como um dos lados ou um vértice do processo de aprendizagem" (BARBOSA, 2005b, p. 15).

Arte focasse a produção, a crítica, a estética e a história da Arte, em detrimento do panorama dominante na época, a autoexpressão criativa (RIZZI, 2008). Essas três experiências de ensino e aprendizagem da Arte contribuíram para as reflexões sobre a realidade da arte/educação brasileira, influindo na constituição da Proposta Triangular como uma iniciativa inédita e pertinente.

> O Critical Studies é a manifestação pós-moderna inglesa no ensino da arte, como o DBAE é a manifestação americana e a Proposta Triangular a manifestação pós-moderna brasileira, respondendo às nossas necessidades, especialmente a de ler o mundo criticamente.
> Há correspondências entre elas, sim. Mas estas correspondências são o reflexo dos conceitos pós-modernos de arte e educação. (BARBOSA, 2008, p. 14)

Aliando essas pesquisas com o contexto da arte/educação no Brasil, a Proposta Triangular vem transformando a compreensão da educação artística e estética, inspirando inúmeras pesquisas desde a articulação de seus vetores, como a aplicabilidade nas salas de aula das mais diversas realidades, sejam elas escolares ou não.

Essa proposta começou a ser gestada sob a orientação de Ana Mae Barbosa na década de 1980, mais precisamente em 1983, no Festival de Inverno de Campos do Jordão (SP). Todavia, foi experimentada e sistematizada entre 1987 e 1993 no Museu de Arte Contemporânea da Universidade de São Paulo (MAC/USP) – ocasião em que Barbosa esteve na direção da instituição – e na Secretaria Municipal de Educação de São Paulo, comandada por

Paulo Freire e Mário Cortela (BARBOSA, 2008). O Projeto Arte na Escola da Fundação Iochpe (RS) também integrou parte das pesquisas dessa abordagem mediadas pelas professoras Denyse Vieira e Analice Dutra Pillar, especialmente entre 1989 e 1996 (RIZZI, 2008).

Dentre as contribuições de diferentes naturezas que integraram a gênese desta abordagem de ensino contemporâneo de Arte, destacam-se as experiências oriundas da ação educativa de um espaço institucional museológico, o MAC/USP, que permitiu o aprofundamento das reflexões sobre o papel social e cognitivo da Arte na educação em geral. Essas experiências foram determinantes para a configuração atual da proposta, especialmente pela oportunidade de confrontar os sujeitos com as obras de Arte originais, fato que não detinha importância nas aulas de arte tradicionais.

No Museu de Arte Contemporânea da USP, que foi o grande laboratório da Proposta Triangular, uma equipe de quatorze (este número variava) arte/educadores com formação universitária, em grande parte doutores, mestres e mestrandos, trabalhando principalmente com a estética empírica para a leitura da obra de Arte, experimentou (de 1987 a 1993) a Proposta Triangular com crianças, adolescentes e adultos iletrados, os próprios guardas do Museu. (BARBOSA, 2008, p. 14)

De 1989 a 1992 foi experimentada [a Proposta Triangular] nas escolas da rede municipal de ensino de São Paulo, tendo como meio reproduções de obras de arte e visitas aos originais do museu [MAC/USP]. (...) Sua avaliação positiva após quatro anos foi extremamente recompensadora. (BARBOSA, 1998, p. 35)

Nessas observações de Barbosa (1998 e 2008), percebe-se em diferentes momentos a importância do contato presencial com obras de Arte, por meio de reproduções de qualidade como parte do processo de reflexão sobre o ensino de Arte demandado pela sociedade pós-moderna. Ao pensar a Arte não apenas como expressão, mas também como cognição, a Proposta Triangular marca esta nova postura epistemológica das aulas de Arte como componente intrínseco da formação básica dos indivíduos no contexto brasileiro. Amplia-se ainda o potencial desta proposta ao expandir os limites do ensino da Arte, ao entender a própria Arte como parte inexorável da cultura que emerge no dia a dia das pessoas: a televisão, a internet, a mídia impressa, as configurações urbanas, as propagandas e todo o mundo visual, cujas camadas de informações nem sempre são acessíveis em primeira instância. Ao apontar a importância da leitura (expandida à leitura do mundo), Barbosa (1998) pondera:

> Daí a ênfase na leitura: leitura de palavras, gestos, ações, imagens, necessidades, desejos, expectativas, enfim, leitura de nós mesmos e do mundo em que vivemos. Num país onde os políticos ganham eleições através da televisão, a alfabetização para a leitura é fundamental, e a leitura da imagem artística, humanizadora. Em arte-educação, a Proposta Triangular, que até pode ser considerada elementar se comparada com os pa-

râmetros educacionais e estéticos sofisticados das nações centrais, tem correspondido à realidade do professor que temos e à necessidade de instrumentalizar o aluno para o momento em que vivemos, respondendo ao valor fundamental a ser buscado em nossa educação: a leitura, a alfabetização. (BARBOSA, 1998, p. 35)

Coerente com as exigências da sociedade contemporânea e genuinamente brasileira, parte significativa da Proposta Triangular foi problematizada, pesquisada e organizada graças às condições encontradas em uma instituição museológica, como outras do gênero que investem na educação não formal como forma de mediação, e a partir deste espaço não formal, disseminada para as escolas de todo país. A importância da Proposta Triangular é evidenciada, por exemplo, na configuração da estrutura central dos Parâmetros Curriculares Nacionais de Arte do Ensino Fundamental (PCN – Arte) editado pelo Ministério da Educação como instrumento norteador dos currículos escolares da educação básica nacional, apesar deste documento suprimir as referências de sua criação (BARBOSA, 1998 e 2008).

1.2.3 A mediação cultural na arte/educação contemporânea

Diferentemente dos dois marcos anteriores, já consolidados na história da arte/educação no Brasil, a questão da mediação cultural vem sendo desenvolvida nos últimos anos – especialmente nos espaços de educação não formal – e constitui-se como uma renovação nas ações educativas desses espaços, influenciando, por conseguinte, a dinâmica da sala de aula da educação formal. Esse aporte dos espaços culturais para a arte/educação não é nenhuma novidade, como visto no decorrer deste capítulo: o ensino da Arte teve e ainda tem um grande débito com as práxis desenvolvidas nestes espaços. Mais do que isso, a relação dialética de mútua contribuição vem desenvolvendo reflexões nesses lugares distintos de educação, em que a arte/educação como área de conhecimento colhe os frutos desta interação. Nesse sentido, o gradual processo de transformação dos conhecidos "monitores do museu" em "mediadores culturais" assinala uma mudança de mentalidades, da qual a escola não está descolada.

O que define essa "mediação cultural"? Em primeiro lugar, o conceito de mediação ganhou contornos complexos ao longo de seu desenvolvimento. Do latim *tardio mediatio*, genericamente é entendido como "ação de relacionar duas ou mais coisas, de servir de intermediário ou 'ponte'" (JAPIASSÚ e MARCONDES, 2006, p. 182). Porém, os enfoques filosóficos, em especial a dialética materialista, adensaram este conceito, transformando-o em uma das categorias centrais dessa forma de pensamento. A mediação é apresentada em destaque na epistemologia e na lógica, uma vez que os problemas configuram-se como "necessidade de mediação entre o sujeito cognoscente e o mundo a que se refere seu conhecimento" (BOTTOMORE, 2001, p. 263). Para o materialismo dialético, a unidade da teoria e da prática é articulada pelo foco mediador da práxis, a atividade prática das relações concretas e a instrumentalidade necessária do próprio processo dialético. A consciência dessa mediação é vital para a autoconstituição humana.[12]

Os esforços para se refletir a mediação, com profundidade autoconstitutiva e como processo fundamental na educação, têm produzido profundos debates nos fóruns de interesse, inclusive os de arte/educação, tanto na educação formal como na não formal.

Na publicação Mediação: provocações estéticas (MARTINS, 2005) do grupo de pesquisa em Mediação Arte/Cultura/Público editada na época pelo Instituto de Artes da Unesp,[13] foi construída uma reflexão a partir de uma investigação sobre a prática da mediação envolvendo a arte/educação baseada em um levantamento com professores e profissionais do ensino de arte. Percebeu-se uma profusão de entendimentos do que pode ser entendida a mediação (MARTINS, 2005), permitindo aos pesquisadores realizar apenas uma análise inicial. Contudo, o estudo propõe relacionar possibili-

---

[12] Este ponto será retomado no capítulo II, no qual se evidencia o estágio curricular do futuro professor de Arte como práxis essencial para a sua constituição ontológica e epistemológica.
[13] O grupo de pesquisa atualmente não está mais vinculado ao IA-Unesp/SP, e sim à Universidade Presbiteriana Mackenzie, em São Paulo.

dades de aproximar a mediação/mediar com outros conceitos/ações pelo viés da educação: mediação é encontro; é ampliação de conhecimento; é ir ao encontro do repertório cultural e dos interesses do outro; é conectar conteúdos e interesses; é ir além dos conteúdos; é aproximar; é reflexão; é experiência; é diálogo, conversação; é provocação; é atitude do professor; é compartilhar. Ao encerrar o texto, os pesquisadores destacam o conceito de mediação como um "estar entre", não ponte,[14] irradiador de propostas e de ideias que impulsionem o indivíduo a ser uma nova pessoa transformada.

(...) "mediar é um estar entre". Um estar, contudo, que não é passivo nem fixo, mas ativo, flexível, propositor. (...) Ultrapassando a ideia de mediação como ponte, compreendê-lo como um estar entre implica em uma ação fundamentada e que se aperfeiçoa na consciente percepção da atuação do mediador que está entre muitos (...), além de todos os que estão conosco como fruidores, assim como nós mediadores, também repletos de outros dentro de nós, como vozes internas que fazem parte de nosso repertório pessoal e cultural. (...) Um "estar entre" atento e observador, no olhar e na escuta, para gerar questões que apenas têm sentido se provocam a reflexão, a conversação, a troca entre os parceiros. Um estar entre que precisa ser mais apurado. (MARTINS, 2005, p. 55)

---

[14] Outra visão sobre a possível definição de mediação indicada por Japiassú e Marcondes, como ponte (p. 37). Sendo "não ponte", porém atuando entre o sujeito e o objeto, o mediador instiga o outro a construir suas próprias pontes.

A atuação dos arte/educadores nos museus e em outros espaços expositivos, assim como em outros projetos de arte/educação fora da escola regular, vem adotando gradualmente a denominação de "mediador cultural", em detrimento de outros como: "monitor", "tira dúvidas", "guia", "orientador de exposições" e até mesmo "arte/educador" (MOURA, 2007, p. 65). Este último acaba por se tornar insuficiente em relação à sua ação nestes espaços, visto que o termo "cultural" é muito mais abrangente do que o "artístico", o que corrobora com a própria vocação de tais espaços. Será que podemos chamar de "arte/educador" o mediador que atua em uma exposição de objetos arqueológicos, por exemplo? Ao denominarmos tais colaboradores como arte/educadores, podemos limitar o próprio entendimento de suas funções nesta circunstância, estreitando o potencial da mostra ao campo artístico (...) ao me referir ao mediador cultural, estou tratando dos educadores de museus e exposições de Artes. Quando me refiro à mediação cultural, trato das ações educativas, especificamente das visitas, entendendo tais ações mediadoras como provocativas, questionadoras, dialógicas e reflexivas, levando em conta os vários contextos envolvidos (ALENCAR, 2008, p. 25).

Pesquisando a formação e a profissionalização dos educadores de exposições de Arte, Valéria Peixoto de Alencar (2008) apresenta a mediação cultural no âmbito das ações educativas nestes espaços de arte/educação não formal. Porém, esta concepção pode ser dilatada ao trazer esta consciência de mediação de cultura ao ensino da Arte nas escolas.

Mediador cultural é aquele que recebe o público nas instituições de arte, tornando a visita significativa com seu acolhimento e todo o procedimento pelo qual passa a recepção, mas também pode ser o educador em sala de aula, quando este recebe seus alunos lhes dando uma aula de forma dialogal, deixando espaço para que os educandos se coloquem. (MOURA, 2007, p. 65-66)

Lídice Romano de Moura (2007) analisou sua experiência de formadora de educadores, neste caso, também como mediadores culturais, ou seja, considera que ambas as experiências permitem que os alunos ampliem sua visão em relação à práxis docente no ensino de Arte. Segundo a autora, o que configura um mediador cultural tanto na educação não formal como na formal é uma postura consciente de que além das informações técnicas sobre Arte, este sujeito se compromete a catalisar a construção do conhecimento e, portanto, a formação do outro.

A mediação cultural é cada vez mais objeto de interesse dos professores que têm visitado exposições nos espaços culturais. Em 2004, foi efetivada uma importante pesquisa analisando as ações dos professores de Arte de 70 escolas, entre públicas e particulares da cidade de São Paulo, que se comprometeram a acompanhar o calendário de exposições do Centro Cultural Banco do Brasil de São Paulo (CCBB/SP). Essa pesquisa, cujos resultados foram publicados no livro *Artes visuais: da exposição à sala de aula* (BARBOSA, COUTINHO e SALES, 2005), revelou que as aulas de Arte na escola foram subsidiadas de diferentes maneiras pelas estratégias educativas da instituição cultural. O fato de alguns professores[15] participarem dos encontros de educadores Diálogos e Reflexões com Educadores (D&R) – que ocorriam em todas as exposições do CCBB/SP –, se refletiu no melhor uso do material gráfico disponibilizado aos educadores, bem como na apropriação das estratégias de mediação que eram adotadas pelos mediadores culturais que atendiam os grupos de alunos. Nas conclusões das pesquisadoras pode-se perceber o alcance das questões:

> O material e o Encontro D&R são vistos pelos professores como inter-relacionados. Tanto que, quando por alguma razão faltavam a um encontro, lamentavam-se por ter ficado mais difícil entender e usar o material. (...) Logo o material sozinho auxilia para um ensino de maior qualidade, porém os encontros potencializam os seus usos. Outro ponto significativo dos resultados da pesquisa é a relação direta que os professores estabelecem entre o programa D&R e a Ação Educativa [o programa de mediação das exposições do CCBB/SP] desenvolvida na Instituição. Em alguns relatos de visita, tanto dos alunos quanto dos professores, a presença do educador que

---

[15] Devido aos critérios metodológicos da pesquisa, os professores de Arte foram divididos em quatro grupos (G1, G2, G3 e G4). O G1 participou dos encontros de educadores no CCBB/SP (Projeto Diálogos e Reflexões com Educadores – D&R): de cada exposição, receberam o material gráfico D&R (que continham textos e imagens em transparência de obras das exposições), fizeram encontros de registro, foram acompanhados por observadores, e tiveram agendamento e ônibus garantido para a visita dos alunos. O G2 teve todas as condições do G1 garantidas, menos o agendamento e o ônibus. O G3 participou dos encontros D&R e recebeu o material D&R. O G4 recebeu apenas o material D&R (BARBOSA, COUTINHO e SALES, 2005, p. 18).

orienta as visitas (chamado de monitor em outras instituições culturais) surge como sujeito propiciador de acolhimento e mediador do processo de apreensão de conteúdos. Portanto, é necessária uma integração entre todos os componentes dos serviços educativos de uma instituição. Por isso o embasamento teórico deve ser comum a todas as atividades que são feitas para as crianças, em sistema de visitas ou oficinas, e também aos materiais e aulas para os professores. (...) o material aqui analisado influiu no currículo dos professores de diferentes maneiras. Para alguns, o material se relacionou ao currículo estabelecido, enfatizando, ilustrando e ampliando as propostas. Em outros casos, a inserção provocou modificações no currículo planejado, estabelecendo uma relação conceitual com a proposta pedagógica da escola, e houve casos em que o material se tornou o próprio currículo. (BARBOSA, COUTINHO e SALES, 2005, p. 210-211)

Essa pesquisa reforça a integração das aulas de Arte com a ação educativa de espaços culturais, evidenciando neste caso um salto qualitativo em muitos professores participantes, incluindo a ampliação dos horizontes da práxis do ensino da Arte, transformando as aulas de Arte na escola. As estratégias mediadoras desenvolvidas em instituições culturais têm sido, ultimamente, alvo de pesquisas, em geral do campo acadêmico (ORLOSKI, 2005; MOURA, 2007; e ALENCAR, 2008), que objetivam ser transpostas para o cotidiano das salas de aula.

Nesse sentido, a mediação cultural e as ações educativas de

espaços culturais, assim como de ONGs e de iniciativas do terceiro setor, podem contribuir para a renovação e a mutação do pensamento e das práticas dos atuais professores de Arte da educação formal, ainda mais se, no decorrer de suas formações iniciais, os futuros professores tiverem a oportunidade de experienciar, analisar e refletir sobre essas estratégias.

2. O estágio supervisionado na licenciatura em artes visuais: novas posturas epistemológicas

Numa terra de fugitivos, aquele que anda na direção contrária parece estar fugindo.

T. S. Eliot[16]

Ao tratar deste tema tão controverso, que é o estágio curricular supervisionado, propus-me o desafio de ampliar meu próprio entendimento sobre essa etapa na lapidação do profissional docente. Por experiência própria, apesar do olhar reconstruído que perpasso neste momento sobre as experiências de minha vida como estagiário, quando estudante, tive muitas dúvidas sobre a exata contribuição do que vivenciava para meu futuro profissional. Andava junto dos outros – que caminham, pensam e falam na mesma direção do senso comum em que os afazeres da faculdade e do estágio, especialmente, são mais ritos de passagem para a vida profissional do que construção de saberes pedagógicos. Eis a razão da minha inquietação: ainda hoje, encontro esse pensamento ou parte dele presente entre os alunos do curso de licenciatura em artes visuais, do qual faço parte do corpo docente.

Como andar na direção contrária? Como convencer outros a caminhar junto? Como mudar o fluxo deste movimento, revertendo a direção do caminhar determinado?

---

[16] ELIOT apud ALVES, Rubem. *A escola com que sempre sonhei sem imaginar que pudesse existir*, p. 33.

Rubem Alves (2001), em seu livro-ensaio *A escola com que sempre sonhei sem imaginar que pudesse existir*, parte da insatisfação com a atual escola mediana para pousar um olhar apaixonado sobre as experiências pedagógicas desenvolvidas pela Escola da Ponte[17] em Portugal, uma lição de pedagogia democrática para nós, educadores. De maneira análoga, incomodado pelo entendimento do estágio-tarefa-obrigatória-e-ponto-final, proponho um estudo sobre suas fundamentações no rastro de autores que já se debruçaram sobre o problema [PIMENTA (2001); PIMENTA e LIMA (2009); GHEDIN, ALMEIDA e LEITE (2008); FAZENDA (2008); entre outros], ciente de que nem todas as respostas serão definitivamente encontradas, porém com ampla possibilidade de oferecer outros ângulos, outras direções para andar, pensar e falar.

O foco do presente capítulo é, portanto, debater o papel do estágio curricular supervisionado na formação inicial do professor, procurando refletir sobre as demandas impostas a este profissional no panorama educacional contemporâneo. A propósito das análises desenvolvidas no capítulo anterior – explicitando a conquista da inserção do componente curricular de Arte no currículo obrigatório da educação básica por contribuição, entre outros fatores, das experiências de educação não formal –, será discorrida aqui em torno da possibilidade de formação e de construções

---

[17] Escola pública portuguesa situada em Vila das Aves, distrito do Porto, conhecida internacionalmente pela sua proposta pedagógica e estrutura curricular construídas em conjunto com a própria comunidade escolar, valorizando a cidadania, a autonomia e o comprometimento democrático dos alunos (Disponível em: <http://www.eb1-ponte-n1.rcts.pt/html2/portug/historia/presente.htm>. Acesso em: 10 de julho de 2009).

epistemológicas a partir das vivências em educação não formal de ensino da Arte. Para tanto, torna-se necessário explicitar alguns entendimentos basilares das atuais concepções dos estágios curriculares supervisionados (estágio como campo de conhecimento, como práxis pedagógica e propositora da identidade e da profissionalidade docente) e os aspectos normativos que orientam sua sistematização na formação de professores, convergindo para a licenciatura em artes visuais e para a contribuição das ações em educação artística e estética não formal na formação do atual arte/educador. Assim sendo, prosseguimos na jornada, com o desejo de, um dia, deixarmos de ser fugitivos.

2.1 O estágio pode contribuir para uma mudança na perspectiva da formação docente?

Compreender o estágio curricular como um campo de conhecimento da docência é percebê-lo, de fato, como uma atividade significativa na construção da identidade do professor, revelando um horizonte que vai além dos saberes pedagógicos: perpassa a experiência da e na vida docente imbricando os contextos interpessoais e institucionais do campo social. As normas que orientam as conduções do exercício do estágio na formação docente oferecem matizes do que é considerado estágio:

Art.1º. Estágio é ato educativo escolar supervisionado, desenvolvido no ambiente de trabalho, que visa à preparação para o trabalho produtivo de educandos que estejam frequentando o ensino regular em instituições de educação superior, de educação profissional, de ensino médio, da educação especial e dos anos finais do ensino fundamental, na modalidade profissional da educação de jovens e adultos. (...)

§ 2º O estágio visa ao aprendizado de competências próprias da atividade profissional e à contextualização curricular, objetivando o desenvolvimento do educando para a vida cidadã e para o trabalho. (BRASIL. Lei Federal nº 11.788, de 25 de setembro de 2008)

Nesse caso, a Lei Federal nº 11.788/2008 trata especificamente das regulamentações administrativas dos estágios de estudantes, configura-o como "ato", contudo, uma ação que está ligada às demandas que a sociedade exige dos sujeitos. O intuito dessa definição emanada pela lei é nortear os entendimentos das determinações legislativas descriminadas ao longo de seu texto.

Outro instrumento regimental, o Parecer[18] CNE/CP nº 28/2001 – que fundamenta a Resolução CNE/CP nº 2/2002 e trata das car-

---

[18] Conselho Nacional de Educação (CNE): órgão colegiado do Ministério da Educação (MEC) responsável pelas deliberações específicas das normas educacionais de interesse nacional, em forma de indicação, parecer e resolução. A indicação é um ato propositivo subscrito pelos conselheiros, contendo sugestão justificada de estudo sobre qualquer matéria de interesse do CNE. O parecer é um documento pelo qual o Conselho Pleno ou qualquer das Câmaras pronuncia-se sobre matéria de sua competência. A resolução configura-se no ato decorrente de parecer, destinado a estabelecer normas a serem observadas pelos sistemas de ensino sobre matéria de competência do Conselho Pleno ou das Câmaras (BRASIL. Ministério da Educação. Portaria nº 1.306 de 02 de setembro de 1999; BRASIL. Conselho Nacional de Educação. Parecer CNE/CP nº 99 de 06 de julho de 1999, art. 18).

gas horárias dos cursos de formação de professores da educação –, argumenta que o estágio deve ser entendido como um componente curricular obrigatório, integrado à proposta pedagógica, definindo ainda uma recomendação de terminologia aplicada:

(...) estágio curricular supervisionado de ensino entendido como o tempo de aprendizagem que, através de um período de permanência, alguém se demora em algum lugar ou ofício para aprender a prática do mesmo e depois poder exercer uma profissão ou ofício. Assim, o estágio curricular supervisionado supõe uma relação pedagógica entre alguém que já é um profissional reconhecido em um ambiente institucional de trabalho e um aluno estagiário. Por isso é que este momento se chama estágio curricular supervisionado. (BRASIL. Conselho Nacional de Educação. Parecer CNE/CP nº 28, de 02 de outubro de 2001, grifo do documento)

A despeito das definições mais diretas do estágio curricular registradas nos documentos dos órgãos deliberativos, em termos de construção de conhecimentos, o estágio é desenvolvimento de saberes, uma vez que propõe a busca reflexiva desse saber ser professor, em seu tempo e seu espaço, orientando suas posturas e convicções: "considerar o estágio como campo de conhecimento significa atribuir-lhe um estatuto epistemológico que supere sua tradicional redução à atividade prática instrumental" (PIMENTA e LIMA, 2009, p. 29).

Pimenta e Lima (2009) convocam-nos a pensar o estágio curricular como integração do processo de formação do futuro profissional, considerando o campo de atuação como objeto de investigação a partir dos demais componentes curriculares do curso, além da tradicional concepção dicotômica e segregadora como a "parte prática dos cursos de formação de profissionais, em contraposição da teoria" (PIMENTA e LIMA, 2009, p. 25 e 33), ou seja, superar a tendência em dissociar o estágio do restante do curso, no máximo, relacionado a apenas uma ou outra disciplina do currículo. Essa situação apenas reforça o entendimento popular de que, na teoria, diz-se algo que não se enquadra à realidade que deveria orientar e, no caso da formação inicial de professores, perpetua a segregação do conhecimento teórico com o conhecimento da prática reflexiva, pela própria maneira de diferenciar os pesos das disciplinas no currículo.

> Essa contraposição entre teoria e prática não é meramente semântica, pois se traduz em espaços desiguais de poder na estrutura curricular, atribuindo-se menor importância à carga horária denominada "prática". Nos cursos especiais de formação de professores realizados com convênios entre secretarias de educação e universidades, observa-se essa desvalorização traduzida em contenção de despesas: aí as decisões têm sido reduzir a carga horária destinada ao estágio ou transformá-lo em "estágio à distância", atestando burocraticamente, dando margem a burlas. No campo da pesquisa, essa desvalorização da prática se traduz em verbas menores a projetos aplicados, como no caso da educação. (PIMENTA e LIMA, 2009, p. 34)

Apesar das autoras se referirem de maneira pontual sobre a dicotomia imposta pelas próprias secretarias de educação e universidades, inclusive na área da pesquisa educacional, esta realidade está presente até pela separação entre as disciplinas teóricas das práticas. Ghedin, Almeida e Leite (2008) confirmam esse panorama fragmentado da formação inicial do professor, ressaltando a cultura tecnicista que tem sido norteadora dos cursos de licenciatura. Adota-se um modelo técnico e científico, alicerçado na captação de informações, utilizando-se da memória, da descrição de dados e relatos de experiências, infelizmente aquém das demandas da complexidade inerente à docência, pouco contribuindo para a perspectiva crítico-reflexiva, necessária a uma educação emancipatória.

O estágio estruturado em propostas minimamente práticas, por meio de "imitação de modelos" (PIMENTA e LIMA, 2009, p. 35) revela-se frágil e pouco mobilizador no contexto escolar atual. Em parte, o exercício de uma profissão é prático, ao aprender a fazer algo ou a como fazer. A partir da observação, da imitação, da reprodução e da reelaboração de modelos preexistentes, por vezes tidos como consagrados, o aluno é levado a examinar as práticas dos professores, reformulando seu pensar sobre a educação. Contudo, esta proposta se mostra limitada, pois nem sempre o licenciando dispõe de elementos suficientes para o discernimento crítico e, com o tempo, passa apenas a transpor os modelos para situações nem sempre adequados. Outro ângulo mais perverso revela que o pressuposto da concepção por modelos se baseia na imutabilidade da realidade do ensino, bem como na imutabilidade dos alunos que a frequentam. Compete à escola ensinar os jovens de acordo com as práticas tidas como eficazes tradicionalmente; caso os alunos não aprendam, o problema é deles ou em sua cultura, que não é compatível com a cultura escolar.

Outra perspectiva tratada nos cursos de formação com influências nos estagiários é a prática como instrumentalização técnica. Embora possa acompanhar a imitação por modelos, seu matiz é diferente, se baseia na concepção do exercício e domínio de habilidades específicas da profissão, no caso, a docência. Admite-se que o exercício da profissão possui técnicas para efetuar operações e ações específicas e próprias. Porém, novamente esta proposta se mostra limitada, pois não responde às necessidades impostas pela realidade escolar: a redução às técnicas não abarcam a complexidade das situações, nem subsidiam o conhecimento científico necessário para o exercício da profissão. Nesse caso, acentua-se a separação da teoria com a prática, privilegiando apenas a segunda, ao enfatizar as rotinas de intervenção técnica sobrepondo à falta de conhecimento científico.

Pimenta e Lima (2009) alertam à disseminação da prática como instrumentalização técnica em moldes mais sutis, na forma de, por exemplo, oficinas pedagógicas oferecidas às redes de ensino, onde se trabalham a confecção de materiais didáticos ou a utilização de sucatas.

Muito utilizadas e valorizadas, têm por objetivo auxiliar os alunos no desempenho de suas atividades de sala de aula e podem ser desenvolvidas sob a forma de cursos, ministrados por estagiários, voltados para a confecção de recursos didáticos. Por isso, muitas vezes, as oficinas têm sido utilizadas como cursos de prestação de serviços às redes de ensino, obras sociais e eventos, o que acaba submetendo os estagiários como mão de obra gratuita e substitutos de profissionais formados. (PIMENTA e LIMA, 2009, p. 38)

Nesse caso, o desvio dos estagiários de suas necessidades formativas, ao serem expostos à prática sistematizada e acachapante, com mínimas possibilidades reflexivas construtivas, revela a fragilidade de um sistema que, indiretamente, nega a formação adequada do futuro professor. Sob esse aspecto, na modalidade de educação não formal do ensino de Arte, torna-se cada vez mais comum os empregadores e instituições culturais contratarem estagiários para ocupar as posições que outrora eram de profissionais formados (ALENCAR, 2008), nem sempre fornecendo uma preparação mínima para o exercício, exigindo do estagiário formas para cumprir os contratos. Paradoxalmente, mesmo não sendo fornecida a preparação ideal nestas contratações, são comuns a busca, a troca e a utilização de modelos ou técnicas pelos próprios estagiários, a fim de suprir a falta da experiência crítica docente. Esse ponto será abordado adiante de forma mais profunda.

Ao colocar o professor em uma posição de imitador de modelos ou de "fazedores" técnicos, não se valoriza sua formação intelectual, epistemológica e ontológica, reduzindo o fazer docente à aplicação de propostas que serão bem-sucedidas ao se aproximarem das condições ideais. Isso gera o conformismo, a conservação de hábitos, ideias, valores, comportamentos legitimados pela cultura institucional dominante, imobilizando o potencial transformador em cada docente (PIMENTA e LIMA, 2009). Não contribuem para uma análise prospectiva da realidade, nem tampouco constroem uma nova cultura escolar.

> Quando o novo professor chega como profissional recém-formado e/ou concursado, não consegue instituir as práticas inovadoras na escola. Em parte, a falta de insistência do novo professor pode decorrer da falta de consistência epistemológica e de saberes docentes que sejam capazes de lhe dar suporte para resistir e enfrentar o modelo cultural e pedagógico que a escola tenta impor.
> (GHEDIN, ALMEIDA e LEITE, 2008, p. 34-35)

Cabe salientar que, apesar da imagem de aparente abandono da construção formativa dos futuros docentes por meio do estágio curricular, algumas iniciativas vêm ao encontro das fundamentações propostas, sendo vivenciadas, analisadas, refletidas e divulgadas, como é o caso das obras pesquisadas e citadas neste capítulo, além de outras referenciadas, a saber: Pimenta (2001) descreve e analisa a formação por meio dos estágios dos cursos dos Centros de Formação e Aperfeiçoamento do Magistério (CEFAMs) na década de 1990 em São Paulo; Pimenta e Lima (2009) apresentam as experiências de estágio e suas mudanças no currículo por meio de depoimentos de formadores de professores em universidades públicas e privadas dos estados de São Paulo, Bahia e Ceará; Ghedin, Almeida e Leite (2008) discorrem sobre as recentes reformulações no estágio curricular na Universidade do Estado do Amazonas; Fazenda (2008) relata sua experiência na construção junto dos alunos de pedagogia da PUC-SP do estágio como construção da identidade docente no fim da década de 1980; Oliveira (2005) apresenta suas reflexões sobre o estágio curricular do curso de licenciatura em artes visuais da Universidade Federal de Santa Maria (RS); Rosa (2005) registra o percurso do curso de educação artística – habilitação em artes plásticas da Universidade Estadual de Santa Catarina nos últimos anos, incluindo o desafio do estágio curricular e Magalhães (2002) da Universidade Federal do Pará e Utuari (2004) da Universidade Cruzeiro do Sul, em São Paulo, analisam a contribuição dos museus na formação inicial do professor de Arte, inclusive por meio dos estágios dos alunos em instituições e contextos socioculturais diferentes. Estes são alguns dos autores que estão propondo novas formas de olhar o estágio curricular supervisionado como construção da identidade e da profissionalidade docente por meio da práxis transformadora no âmbito do fenômeno educacional. No entanto, o universo de formação de professores é muito maior, sendo mais que necessário continuarmos a caminhar contra a multidão, arregimentando novas cabeças para essa jornada.

2.2 O estágio propositor da práxis docente

O avanço nas discussões dessa situação depende da construção do entendimento, no caso do estágio, da teoria indissociável da prática: "a atividade docente é práxis" (PIMENTA, 2001, p. 83). O conceito de práxis é complexo e reveste-se de amplas possibilidades semânticas a partir dos contextos e intencionalidades dos interlocutores. Platão, Aristóteles, Kant e Hegel, entre outros filósofos, já delinearam significações ao termo práxis, especialmente no campo da ação. Marx, porém, redefine o conceito no conjunto de suas obras, ora identificando a práxis como trabalho, ora dissociando-se deste, reafirmando a relação dialética entre a teoria e a práxis (BOTTOMORE, 2001, p. 293). Engels, Plekhanov, Lênin, Gramsci, Lukács, Marcuse e Habermas foram alguns entre muitos que lapidaram o conceito, oferecendo novas perspectivas para o entendimento do mesmo.

> (...) a práxis é considerada como forma especificamente humana do ser do homem, como atividade livre, criadora e autocriadora. Alguns deles [autores] sugeriram mais especificamente que Marx utilizou-se do conceito de "práxis" no sentido aristotélico de praxis, poiesis e theoria e não no sentido de quaisquer *praxis*, *poiesis* e *theoria*, mas apenas no de "boa" práxis em qualquer destes três campos. "Práxis" opunha-se, portanto, não à poiesis ou à theoria, mas à práxis "má", alienada. A distinção entre boa e má práxis não se dava em um sentido ético, mas como uma distinção ontológica e antropológica fundamental, ou, ainda, como uma

distinção no pensamento metafilosófico revolucionário. (...) No espírito de Marx, a revolução é concebida como uma transformação radical tanto no homem como da sociedade. O objetivo da revolução é abolir a alienação criando uma pessoa verdadeiramente humana e uma sociedade humana. (BOTTOMORE, 2001, p. 295-296)

A leitura dessa vertente da práxis provocadora, revolucionária por propor a quebra de paradigmas individuais e coletivos, pode ser entendida como o contínuo movimento dialético do homem que transforma a natureza com o seu trabalho e, como consequência, acaba por transformar a si mesmo (JAPIASSÚ e MARCONDES, 2006).

Assim, a práxis educativa é o cerne da atividade docente, uma vez que se busca a articulação dinâmica entre os interatores (mediadores e educandos), o conhecimento sistematizado e o contexto (tempos e espaços) do processo a fim de transformar a realidade objetiva. Distinto de ser apenas uma atividade prática, a práxis educativa busca ser propositora de mudanças: "não basta conhecer e interpretar o mundo (teórico), é preciso transformá-lo (práxis)" (PIMENTA, 2001, p. 86).

Ao matizar essa concepção transformadora, Pimenta (2001) apresenta os estudos de Vasquez (1968), que aborda a filosofia da práxis, separando a práxis da ideia de "atividade": nem toda atividade é práxis, porém toda práxis pode ser considerada uma atividade específica e distinta que modifica o indivíduo e seu entorno. A atividade, porém, pode se configurar de outro modo, distinto da práxis. Como atividade de conhecimento e definidora das próprias finalidades que prefiguram a ação, ela é atividade de consciência, ou seja, eminentemente "teórica" e por si não leva à transformação da natureza material e social. Práxis é:

(...) uma atividade material, transformadora e ajustada a objetivos. Fora dela, fica a atividade teórica que não se materializa, na medida em que é atividade espiritual pura. Mas, por outro lado, não há práxis como atividade puramente material, isto é, sem a produção de finalidades e conhecimentos que caracteriza a atividade teórica. (VASQUEZ apud PIMENTA, 2001, p. 89)

No entanto, a atividade teórica adquire um papel fundamental para a mesma. Como consciência da transformação, mesmo na condição de conjunturas e possibilidades, tramadas com elementos cognoscitivos e teleológicos (pela compreensão dos fins que a definem), a atividade teórica cumpre sua função de estabelecer o conhecimento da realidade e o estabelecimento de finalidades para sua transformação (PIMENTA, 2001). No caso da educação e do estágio, portanto, a práxis não deveria se resumir à "parte prática do currículo" (PIMENTA e LIMA, 2009, p. 33).

Há, ainda, o entendimento da atividade essencialmente "prática", que necessita de certa atividade de conhecimento (teórica), mas enfatiza o caráter real da matéria na qual se atua e que o sujeito independe de sua consciência ou das operações demandadas para sua transformação (PIMENTA, 2001). A formação docente, quando não renovada pelas reflexões sobre a importância da práxis para o desenvolvimento do entendimento pleno da docência e da profissão, muitas vezes aponta o estágio curricular às atividades de imitação de modelos ou de prática instrumental, acentuando o criticismo raso sobre as condições da ação docente. A dicotomia teoria/prática, nestes casos, achata o olhar sobre as vivências nas escolas (ou em outros espaços educativos). Segundo Pimenta e Lima (2009, p. 41) "a profissão de educador é uma prática social", é uma maneira de corresponder e interagir com a realidade social "por meio da educação que ocorre não só, mas essencialmente, nas instituições de ensino". Em outras palavras: a atividade docente é simultaneamente "prática" e "ação".

Sacristán (apud PIMENTA e LIMA, 2009, p. 42) define a "prática" como forma de educar institucionalizada, constituindo a cultura e a tradição dessas instituições, ao passo que a ação está relacionada ao indivíduo, seu agir, seu pensar, seus valores, seus compromissos, seus pressupostos, suas leituras de mundo, seus modos de ser, de organizar, de ensinar e de se relacionar com os outros. A ação, por sua vez, está no âmbito dos indivíduos e do coletivo que compõem os corpos profissionais das instituições com seus próprios valores e pressupostos.

> Em sentido amplo, ação designa a atividade humana, o fazer, um fazer efetivo ou simples oposição a um estado passivo. Entretanto, em uma compreensão filosófica e sociológica, a noção de ação é sempre referida a objetivos, finalidades e meios, implicando a consciência dos sujeitos para essas escolhas, supondo um certo saber e conhecimento. Assim, denominamos

ação pedagógica as atividades que os professores realizam no coletivo escolar supondo o desenvolvimento de certas atividades materiais orientadas e estruturadas. (PIMENTA e LIMA, 2009, p. 42, grifo do autor)

Nas instituições coexistem a prática e a ação, uma influenciando a outra concomitantemente. Para almejar a transformação da realidade na instituição escolar, é preciso ter em mente a imbricação destas instâncias.

As atividades materiais às quais se referem as autoras são articuladoras das ações pedagógicas: as interações entre os professores e alunos, bem como os conteúdos para a sua formação; as interações que subsidiam os processos de ensino e aprendizagem e as interações nas quais efetivam os processos de ressignificação dos próprios saberes pedagógicos. Investir na reflexão nas e das ações pedagógicas torna-se imprescindível para os professores perceberem, criticamente, os contextos no qual estão inseridos. Retomando o papel conscientizador das atividades teóricas, elas instrumentalizam os docentes para as análises e investigações que permitam pensar as práticas institucionalizadas e as próprias ações.

O estágio curricular precisa ser repensado e, mais importante, ser efetivado como reflexão crítica transformadora das práticas e das ações tomadas pelos profissionais da educação, compondo um sólido alicerce para o preparo para a vida profissional. Dessa maneira, as autoras apontam para as três manifestações das atividades humanas: como práxis, como teoria ou como prática/ação, em que a práxis docente focaliza com mais nitidez a formação identitária e epistemológica do professor.

O estágio configura-se em um dos componentes do currículo dos cursos de formação de professores e, como já dito, tradicionalmente entendido como apenas a parte prática em que o licenciando vai coletar dados para repertoriar suas futuras ações como professor. Como currículo, integralmente, propõe-se em preparar o aluno para o exercício de uma profissão, que assume o caráter de "atividade teórica". A atividade teórica é que torna possível conhecer a realidade e, assim, estabelecer as condições para transformá-la.

> O estágio é um dos componentes do currículo do curso de formação de professores. Currículo que é profissionalizante – isto é, prepara para o exercício de uma profissão. Essa preparação é uma atividade teórica, ou seja, atividade cognoscitiva (conhecer) e teleológica (estabelecer finalidades; antecipar idealmente uma realidade que ainda não existe e que se quer que exista) (PIMENTA, 2001, p.183, grifos do autor).

Para alcançar essa antecipação ideal, é necessário, portanto, que se considere o conhecimento teórico e prático da realidade já existente. Pimenta (2001) supõe que este é o aparente alcance dos cursos de preparação profissional: sempre se configura como "atividade teórica" – em que a teoria e prática sejam indissociáveis, gerando a práxis transformadora. A práxis educacional é/está na realidade objetiva, na sala de aula, nos afazeres dos professores, na relação deste com os alunos e com os outros profissionais da educação, nos processos engendrados de ensino e aprendizagem etc. O curso de preparação propõe-se a estudar teoricamente essa realidade, bem como a práxis que a compõe. O estágio é, por conseguinte, atividade teórica e não prática, como supunha o senso comum, que prepara o licenciando para a práxis mobilizadora do futuro professor.

> (...) o estágio, ao contrário do que se propugnava, não é atividade prática, mas teórica, instrumentalizadora da práxis docente, entendida esta como atividade de transformação da realidade. Neste sentido, o estágio curricular é atividade teórica de conhecimento, fundamentação, diálogo e intervenção na realidade, esta sim, objeto da práxis. Ou seja, é no contexto da sala de aula e da sociedade que a práxis se dá. (PIMENTA e LIMA, 2009, p. 45)

O estágio assume a tarefa de ser, dialeticamente, crítica e propositora da práxis: somente ao mergulhar de modo consciente na práxis docente, subsidiado pelo estágio curricular, o aluno tem condições de refletir e conhecer a realidade com mais profundidade, estabelecendo novas fronteiras para essa realidade e construindo sua própria identidade e sua profissionalidade docente.

2.3 O estágio como lócus da construção identitária e da profissionalidade docente

Ao pesquisar sobre a superação do estágio como prática instrumental para uma visão crítica da práxis educacional, Ghedin, Almeida e Leite (2008) partem da análise dos entendimentos sobre o cotidiano, como "lugar onde as coisas acontecem por necessidade diária de responder ao desafio do ser" (p. 13). Essa reflexão está intimamente relacionada à condição histórica e social do indivíduo, uma vez que ao analisarmos nossas práticas, estabelecemos um olhar pensante ao nosso fazer e, dialeticamente, (re)definimos o que somos.

Isso quer dizer que queremos compreender o que somos a partir do modo como fazemos com que as coisas aconteçam no espaço educativo. Fazemos isso porque compreendemos que aquilo que fazemos marca radicalmente o que somos. Especialmente porque estamos sempre entre aquilo que queremos ser e aquilo que somos. O critério para estabelecer uma compreensão do ser diante do desejo de ser é analisar o que estamos fazendo no cotidiano. (GHEDIN, ALMEIDA e LEITE, 2008, p. 13-14)

Nessa perspectiva, os cursos de graduação para licenciados têm responsabilidade direta na conscientização da identidade do professor. O estágio curricular, como atividade teórica que busca a práxis docente, também necessita do conhecimento e das finalidades da práxis do próprio indivíduo. O exercício de construir sobriamente sua autoimagem (de si e como professor) é imprescindível para a efetivação de sua formação. Já preocupada com a necessidade desta construção, Fazenda (2008) descreve sua experiência como orientadora de estágios no fim da década de 1970 e durante a década seguinte:

> Verificamos (...) que o profissional que não consegue investigar questões específicas de sua área de conhecimento ou que não tenha tido oportunidade de pesquisar-se a si mesmo,

necessariamente não terá condições de projetar seu próprio trabalho, de avaliar seu desempenho e de contribuir para a construção do conhecimento de seus alunos. (...) Iniciei com eles [licenciandos] um processo de autoconhecimento, uma pesquisa do "si mesmo", não só para que pudessem melhor compreender o outro, mas, sobretudo, para que gradativamente fossem construindo sua identidade como educador. (FAZENDA, 2008, p. 55 e 57)

Embora essa identidade seja (re)construída constantemente ao longo de toda sua trajetória profissional no magistério, é no processo de formação inicial – a partir da efetiva inter-relação entre a teoria e a prática – que são implementadas as posturas e intenções esperadas dos futuros professores (PIMENTA, 2009). O estágio configura-se, pois, no espaço potencializador de um olhar prospectivo sobre as bases desta identidade.

O estágio é o lócus onde a identidade profissional é gerada, construída e referida; volta-se para o desenvolvimento de uma ação vivenciada, reflexiva e crítica e, por isso, deve ser planejado gradativa e sistematicamente com essa finalidade (BURIOLLA apud PIMENTA, 2009, p. 62).

Como lócus, o estágio é o lugar da reflexão e da construção da identidade profissional docente por excelência. Na mesma direção, Oliveira (2005) também aponta a importância do estágio como espaço de construção identitária docente, ímpar, intransferível e não traduzível.

Quando acompanhamos o nosso aluno estagiário nas orientações da sua prática educativa, percebemos como ele vai construindo sua identidade de projeto, identidade de vida de professor, com caracteres próprios, maneiras que ele foi aprendendo na sua vida acadêmica, elaborando no seu cotidiano, tecendo no seu convívio universitário, muitas vezes de forma bastante dolorosa. Nesse momento, ele está experimentando, se construindo e, nessa ocasião de identidade profissional, nós percebemos claramente que não é qualquer um que pode ser professor. (OLIVEIRA, 2005, p. 63)

Esses aspectos subjetivos implicam na compreensão individual do sujeito para a profissão, sua identificação e comprometimento – assim como em qualquer outra profissão –, condicionando a necessidade de autoavaliação à aceitação dos desafios de encarar a carreira docente. A despeito de qualquer mal-entendido que o final da citação possa denotar, o fato de nem todos poderem ser professores pode ser uma hipótese plausível. As análises e reflexões a partir das representações sociais que são construídas na profissão pelos cursos de formação e, em especial, pelas vivências e os confrontos de pontos de vista, possibilitam o estabelecimento ou o fortalecimento desta identidade profissional.

(...) a formação envolve um duplo processo: o de autoformação dos professores a partir da reelaboração constante dos saberes que realizam em sua prática, confrontando suas experiências nos contextos escolares, e o de formação nas instituições escolares onde atuam. Por isso é importante tornar a escola um espaço de trabalho e de formação, o que implica gestão democrática e práticas curriculares participativas, propiciando a constituição de redes de formação contínua, cujo primeiro nível é a formação inicial. (PIMENTA e LIMA, 2009, p. 68)

Todas as instâncias formativas dos licenciandos são fontes de construção social da profissão. O estágio curricular age diretamente nessa construção na medida em que a reflexão da realidade e do cotidiano das práticas educativas confronta-se com a instância ontológica do professor em formação, perpassando os saberes desenvolvidos no curso e as representações sociais da profissão.

A identidade docente está, portanto, tramada na vivência dos sujeitos na própria docência (práxis), que, num primeiro instante, é propiciada pela formação inicial e pelo estágio curricular; posteriormente, deve acompanhar o histórico do professor em um processo de formação contínua (práxis transformadora). De maneira oportuna, ao vivenciar reflexivamente a docência, é possível perceber as contradições entre os discursos de valorização docente e as políticas educacionais que nem sempre levam em conta as reais dificuldades na escola: por vezes, esbarra-se no cansaço, na desilusão e no desgaste físico e moral nos contextos dos profissionais da educação ou, ainda, nos problemas sociais que interferem na atuação da escola, ainda que o estagiário confie na profissão e em si mesmo. Ao analisar criticamente esses fenômenos, o estágio curricular contribui para o fortalecimento dos laços identitários da profissão, uma vez que confronta as representações sociais historicamente construídas na docência e discutem-se quais conhecimentos, posturas, saberes, habilidades e compromissos são necessários para o processo de formação dessa identidade, buscando superar e modificar a realidade existente ou a representação social da docência.

Os estudos sobre profissão docente, qualificação, carreira profissional, possibilidades de emprego, aliados a ética profissional, competência e compromisso, deverão integrar o campo de conhecimentos trabalhados no estágio por meio de procedimentos de pesquisa, que tenha por objetivo a construção da identidade docente. (PIMENTA e LIMA, 2009, p. 63)

Essas análises inseridas no curso, no estágio e nas demais disciplinas do currículo, além das experiências que o indivíduo acumula dentro e fora das instituições, auxiliam a construir sua identidade docente. Essa formação mobiliza várias categorias de saberes – saberes da prática reflexiva, das teorias específicas, do comprometimento pedagógico, das relações interpessoais etc. –, convergindo para a conscientização da profissão docente, carregando-a de conhecimentos especializados, porém não definitivos, uma vez que o desafio da docência e seu exercício não são resolvidos apenas de modo instrumental, mas que requerem tomadas de decisões, frente à diversidade de contextos que estão relacionados.

Confronta-se a necessidade dialética dos professores em reconfigurar seus modos de desenvolver seus trabalhos e de pensar a profissão, respondendo às demandas impostas pela própria sociedade ou pelas políticas educacionais. Esta reconfiguração, que depende de processos subjetivos e objetivos de edificação da identidade, está sendo denominada pelos pesquisadores de "profissionalismo" (LIBÂNEO apud PIMENTA E LIMA, 2009) ou "profissionalidade docente" (GHEDIN, ALMEIDA e LEITE, 2008; CONTRERAS, 2002).

A questão do profissionalismo ou da profissionalidade docente vem sendo investigada por várias frentes de pesquisa, traçando a importância destes entendimentos junto à complexidade dos matizes que compõem a identidade do professor. Levando em conta que o estágio pode e deve ser uma das portas de entrada para a consolidação das reflexões sobre a práxis na educação, ele acarreta na implementação da própria consciência dos valores da profissão docente.

Esses dois termos têm sido empregados por alguns pesquisadores no sentido da necessidade de deslocamento das atenções para o professor, que havia passado por um momento de esquecimento dos estudos educacionais.

> (...) foi necessário que a escola entrasse em crise e que a imagem social da profissão docente começasse a deteriorar-se (paradoxalmente quando se acentuam as pressões sociais para que o professor assuma novos papéis) para que convergisse sobre a escola, sobre o professor e a sua profissão a curiosidade das várias ciências que operam no campo da educação. (ESTELA apud GHEDIN, ALMEIDA e LEITE, 2008, p. 112)

A preocupação no perceber, refletir e analisar a profissão docente tem gerado novos contornos nas pesquisas sobre a formação dos futuros professores. Ao imbricar a condição ontológica dos indivíduos, sua identificação com a vida docente, considerando processos subjetivos e objetivos, tem subsidiado os estudos sobre a construção dos conceitos da profissão docente.

Libâneo (apud PIMENTA E LIMA, 2009) aponta o "profissionalismo" como o comprometimento com um projeto político democrático, baseado na participação coletiva do projeto pedagógico, na dedicação ao ensino de qualidade, no domínio dos conhecimentos educacionais e no respeito à cultura do aluno e às responsabilidades da docência.

Ghedin, Almeida e Leite (2008) adotam a "profissionalidade" como a ininterrupta acomodação profissional que possibilita novos modos dos professores entenderem a si mesmos como profissionais capazes de desempenhar todas as suas funções. Apoiam-se nas ideias de Sacristán, ao considerarem a profissionalidade docente como "a afirmação do que é específico da ação docente" (SACRISTÁN apud GHEDIN, ALMEIDA e LEITE, 2008, p. 113), ou seja, do conjunto de aspectos relacionados diretamente ao desempenho dos professores em seu trabalho (comportamentos, conhecimentos, atitudes, valores entre outros).

Olhares diversos, porém que convergem na construção da identidade dos professores. Libâneo (apud PIMENTA E LIMA, 2009) trata o tema a partir de uma ótica da inserção estrutural nos processos educativos, enquanto Ghedin, Almeida e Leite (2008) focam na relação dos professores com a realidade cambiante que necessita de constantes redefinições de suas atividades. É possível perceber que ambas as propostas procuram ampliar a compreensão do que é a profissão docente.

Por sua vez, Contreras (2002), em suas reflexões sobre a autonomia dos professores nas últimas décadas, incorpora uma diferenciação semântica entre esses dois termos. Por profissionalismo, o autor identifica uma carga ideológica corporativista baseada na distribuição política de privilégios, gerando uma autonomia ilusória do profissional e tem como consequência o isolamento e a obediência inquestionável, sejam aos conhecimentos acadêmicos, sejam às políticas oficiais de ensino. O autor localiza na profissionalidade um resgate de valores na "ideia de profissional no contexto das funções inerentes ao trabalho da docência" (CONTRERAS, 2002, p. 73), ou seja, refere-se às qualidades da práxis profissional dos professores em função das necessidades do trabalho educativo. "Falar de profissionalidade significa, nessa perspectiva, não só descrever o desempenho do trabalho de ensinar, mas também expressar valores e pretensões que se deseja alcançar e desenvolver nesta profissão" (CONTRERAS, 2002, p. 74).

Percebe-se, portanto, a aproximação que Contreras (2002), Sacristán (apud PIMENTA e LIMA, 2009), Ghedin, Almeida e Leite (2008), Libâneo (apud PIMENTA E LIMA, 2009) e Pimenta e Lima (2009) tratam da concepção conscientizadora da profissão docente, mesmo que estes últimos utilizem o termo "profissionalismo", do qual Contreras oferece uma diferenciação. A fim de equacionar a presente escrita, adoto doravante o termo "profissionalidade", confluindo com os matizes de Contreras.

A práxis docente, conforme já tratado anteriormente, é propositora e transformadora. A profissionalidade do professor está amalgamada inexoravelmente a esta práxis, que por sua vez relaciona-se dialeticamente com a realidade objetiva. Nesse caso, se assumirmos que a realidade é dinâmica, a construção dessa profissionalidade e, por conseguinte, da identidade docente deve acompanhar as práticas e as tomadas de decisões em meio à complexidade e às incertezas dos fenômenos educativos. Mais uma vez, refuta-se o emprego condicionado de modelos ou à prática instrumental redutora. O estágio curricular avoca para si a responsabilidade de formar o futuro professor na práxis já transformadora: do indivíduo, de sua ciência ontológica, de sua identidade como professor e de sua profissionalidade docente, delineando as condições para que seja, ele mesmo, transformador da realidade.

2.4 O estágio e a práxis no ensino não formal: o que dizem as normas?

O entendimento das bases legais e normativas que estabelecem a prática do estágio curricular para os cursos de formação de professores é fundamental para a compreensão das implicações que a presente pesquisa busca focar. Anteriormente, discutiu-se aqui sobre os intuitos dos estágios curriculares supervisionados como condição indispensável para a vivência na práxis educativa. Porém, com relação aos cursos de formação de professores, podemos perguntar quais os contextos específicos de vivências em que essas práxis educativas são permitidas, recomendadas, incentivadas e analisadas por meio dos estágios. Precisamente, quais são as experiências de estágio que os cursos autorizam seus alunos a vivenciar como parte intrínseca das graduações? Em contrapartida, também é importante observar: quais orientações são seguidas pelos cursos de formação ao estipularem suas organizações de estágio curricular? A partir de agora, o presente estudo propõe-se a analisar os preceitos do sistema oficial de ensino superior para os cursos de formação de professores, focando as leis e os atos normativos homologados pelas instâncias competentes, especificamente as de natureza formativa e epistemológica do estágio curricular, em vista da profissionalidade docente necessária às demandas da sociedade e da educação contemporânea. O direcionamento desta análise se deteve, portanto, nas orientações oficiais ou nos seus artigos/itens específicos que tratam do estágio curricular na formação docente, especialmente em relação às recomendações que tratam de sua natureza formativa[19], subsidiado por pesquisas e literaturas disponíveis de professores-formadores e dos próprios cursos de formação, que evidenciam a preocupação de muitos pesquisadores sobre os impactos de tais determinações sobre o tema[20]. Essa preparação

---

[19] Foram analisadas as Leis Federais nºs 9.394/1996 (LDBEN) e 11.788/2008 (estágio de estudantes); os Pareceres CNE/CP nº 9/2001, CNE/CP nº 27/2001, CNE/CP nº 28/2001 e CNE/CP nº 5/2006; as Resoluções CNE/CP nºs 1/2002 e 2/2002 (todas sobre formação de professores) e a Constituição da República Federativa do Brasil de 1988, esta última em relação à autonomia universitária que impacta diretamente nas possibilidades de organização do estágio curricular. Outras leis e atos normativos foram referenciados para subsidiar as argumentações das análises, como o Decreto nº 5.773/2006.

[20] São muitas as contribuições de literaturas e pesquisas sobre o estágio, mas estas nem sempre trazem referências das leis e normas que orientam as práticas ou quando aparecem, já estão em desuso. Esta é uma dificuldade peculiar de qualquer material fixo sobre atos normativos, pois são eventualmente atualizados e substituídos. Procurei selecionar

se faz necessária para a discussão em torno das possibilidades das práxis da educação não formal nos estágios curriculares. Convém reiterar que a presente pesquisa não busca esgotar o tema, e, sim, oferecer mais um panorama sobre o assunto, estruturando suas considerações no alinhamento ou no distanciamento das análises já existentes.

Antes de olhar com profundidade as orientações referentes ao estágio, faz-se necessário refletir sobre o objeto central dos cursos de formação docente: o professor. Hoje, admite-se que todo curso de formação inicial de professores para o sistema oficial de ensino é uma licenciatura, ou seja, uma autorização para ministrar aulas a outras pessoas.[21] A atual Lei Federal nº 9.394/1996, Lei de Diretrizes e Bases da Educação Nacional (LDBEN) estabelece este princípio:

> Art. 62. A formação de docentes para atuar na educação bá-

---

as obras que tratam diretamente do estágio na formação docente e que refletissem sobre as normas oficiais, os mais recentes possíveis, e outras que, apesar de não tratarem de normas ou nem terem sido citadas diretamente, embasaram as reflexões sobre este quesito: Pimenta (2002); Pimenta e Lima (2009); Ghedin, Leite e Almeida (2008); Piconez (2008); Carvalho e Utuari (2003); Ranieri (1994) e Linhares (2005). Com exceção das duas últimas obras, que tratam da autonomia universitária, as demais dizem respeito especialmente sobre o estágio curricular supervisionado, porém nas seções que focam as normatizações, discorrem sobre as compreensões das práticas e da natureza dos estágios, ou sobre as cargas horárias a serem cumpridas pelos cursos de licenciatura. Desta forma, apesar de constituírem a base da pesquisa, as reflexões presentes fazem poucas referências a estas obras, uma vez que a questão normativa e o estágio compartilhado com a educação não formal não são tratados pelas mesmas.

[21] Algumas pesquisas apontam o início desta prática de licenciar os futuros professores desde os séculos XI e XII, com o surgimento das universidades europeias que, em geral, estavam diretamente ligadas à Igreja Católica. Os professores que lecionavam nestas instituições necessitavam da *licencia docendi*, uma permissão oficial outorgada pelas autoridades eclesiásticas locais (RANIERI, 1994).

sica far-se-á em nível superior, em curso de licenciatura, de graduação plena, em universidades e institutos superiores de educação, admitida, como formação mínima para o exercício do magistério na educação infantil e nas quatro primeiras séries do ensino fundamental, oferecida em nível médio, na modalidade Normal. (BRASIL. Lei Federal nº 9.394, de 20 de dezembro de 1996)

Tal entendimento da natureza da licenciatura é reforçado em outras instâncias regimentais, como o Conselho Nacional de Educação (CNE) do Ministério da Educação que, em seu Conselho Pleno, especifica com mais detalhe a formação do profissional para essa atuação, incluindo a exigência do estágio curricular supervisionado:

> A licenciatura é uma licença, ou seja, trata-se de uma autorização, permissão ou concessão dada por uma autoridade pública competente para o exercício de uma atividade profissional, em conformidade com a legislação. A rigor, no âmbito do ensino público, esta licença só se completa após o resultado bem-sucedido do estágio probatório exigido por lei. O diploma de licenciado pelo ensino superior é o documento oficial que atesta a concessão de uma licença. No caso em questão, trata-se de um título acadêmico obtido em curso superior que faculta ao seu portador o exercício do magistério na educação básica dos sistemas de ensino, respeitadas as formas de ingresso, o regime jurídico do serviço público ou a Consolidação das Leis do Traba-

lho (CLT). (BRASIL. Conselho Nacional de Educação. Parecer CNE/CP nº 28, de 02 de outubro de 2001, grifo do documento)

Nesse documento, o CNE reitera a licenciatura como uma permissão para atuação no magistério da educação básica. Acrescenta ainda que o estágio curricular é condição obrigatória para a obtenção desta licença. No início deste capítulo foram apresentados os entendimentos do que seria um estágio curricular supervisionado pelos autores que estão produzindo pesquisas em torno desse tema e leis e atos normativos expedidos pelas instâncias competentes: o estágio é um ato educativo implementado em um local de trabalho para assegurar a inserção nesse mesmo lócus ou outros afins, acrescentando as contribuições às dimensões epistemológicas e ontológicas na formação do sujeito, bem como o desenvolvimento de sua profissionalidade docente.

A compreensão da licenciatura como obtenção de licença considera que a função essencial desta graduação é de preparar o profissional da educação para atuação na modalidade formal, ou seja, inserir-se no sistema oficial de ensino. Assim, conforme visto no Capítulo I, o universo de atuação do educador não se restringe necessariamente a essa única especificidade. As demandas para a educação em ações não formais de ensino vêm sendo cada vez mais requisitadas por espaços e instituições dos mais diversos interesses sociais, ou seja, abrem possibilidades das licenciaturas, como proposta de instrução inicial de docentes, de assimilarem essa nova necessidade de formação. Uma das suposições desta pesquisa parte da hipótese de que as experiências formativas na práxis educacional não formal contribuem positivamente para a construção da identidade e da profissionalidade docente tanto para a atuação nas modalidades formal quanto na não formal. O estágio curricular, ao compartilhar o tempo total entre experiências formais e não formais, ampliaria não apenas as potencialidades dos campos profissionais do educador como poderia catalisar novas formas de pensar o ensino no sistema oficial de educação.

Por constituírem instâncias deliberativas para o sistema oficial de ensino, o CNE assim como o próprio MEC não estipulam normas e diretrizes de formação inicial de docentes relacionada à educação não formal. De fato, os pareceres e as resoluções apontam o estágio para o exercício e práxis da educação formal.

> O Conselho Pleno (...) decidiu alterar a redação do item 3.6, alínea c, do Parecer CNE/CP nº 9/2001 (...) nos seguintes termos: "c) No estágio curricular supervisionado a ser feito nas escolas de educação básica. (...) é preciso que exista um projeto de estágio planejado e avaliado conjuntamente pela escola de formação inicial e as escolas campos de estágio (...)". (BRASIL. Conselho Nacional de Educação. Parecer CNE/CP nº 27, de 02 de outubro de 2001, grifo nosso)
>
> O estágio curricular supervisionado é (...) um modo especial de atividade de capacitação de serviço e que só pode ocorrer em unidades escolares onde o estagiário assuma efetivamente o papel de professor, de outras exigências do projeto pedagógico e das necessidades próprias do ambiente institucional

escolar testando competências por um determinado período. (BRASIL. Conselho Nacional de Educação. Parecer CNE/CP nº 28, de 02 de outubro de 2001, grifo nosso)

Art. 13. Em tempo e espaço curricular específico, a coordenação da dimensão prática transcenderá o estágio e terá como finalidade promover a articulação das diferentes práticas, numa perspectiva interdisciplinar. (...)

§ 3º O estágio curricular supervisionado, definido por lei, a ser realizado em escola de educação básica, e respeitando o regime de colaboração entre os sistemas de ensino, deve ser desenvolvido a partir do início da segunda metade do curso e ser avaliado conjuntamente pela escola formadora e a escola campo de estágio. (BRASIL. Conselho Nacional de Educação. Resolução CNE/CP nº 1, de 18 de fevereiro de 2002, grifo nosso).

Ao citarem "escolas de educação básica", "escolas campos de estágio", "unidades escolares" ou "ambiente institucional escolar", sem contar com o uso de outros termos específicos ao contexto da modalidade formal de ensino, essa amostragem, selecionada dos atos normativos, evidencia o direcionamento das casas regimentais para o estágio nessa modalidade, confirmando a competência dirigida a elas. Como todas as licenciaturas no país devem seguir as normatizações estabelecidas pelo MEC e pelo CNE, à primeira vista pode parecer proibitivo a possibilidade de constituir a modalidade não formal de ensino como parte da práxis a ser estudada pelos licenciandos por meio dos estágios curriculares supervisionados. No Capítulo I, ao discorrer sobre a diferença entre a educação da modalidade formal com a não formal, Jaume Trilla (2008) destaca o critério estrutural como determinante dessa distinção: a educação formal é definida pela lei e disposições administrativas.[22]

De fato, esse entendimento é rigorosamente seguido por alguns Institutos Superiores de Educação[23] (ISE), especialmente os que não estão vinculados às universidades ou aos centros universitários. Isolados, os ISE muitas vezes pela menor estrutura articulatória, procuram a segurança dos entendimentos específicos das normas superiores. Este é o caso da Faculdade de Educação e Cultura Montessori, da qual faço parte do corpo docente do curso de licenciatura em artes visuais, como responsável pela disciplina de Prática de Ensino e Estágio Curricular Supervisionado. Por recomendação da assessoria jurídica e aprovada pela direção da instituição, a única possibilidade de prática de estágio alternativa à educação formal é por meio do projeto da Secretaria de Estado da Educação de São Paulo intitulado "Escola da Família"[24]. Essa

---

[22] Cf. Capítulo I, p. 22-23.

[23] Os ISE visam à formação inicial, continuada e complementar para o magistério da educação básica através de curso normal superior, cursos de licenciatura, programas de formação continuada, programas especiais de formação pedagógica e formação pós-graduada voltada para a atuação na educação básica. Podem ser organizados como instituto superior propriamente dito, em faculdade, em faculdade integrada, em escola superior e como unidade de universidade ou centro universitário (BRASIL. Conselho Nacional de Educação. Resolução CNE/CP nº 1, de 30 de setembro de 1999, art. 1º e art. 3º).

[24] Projeto em que as escolas estaduais de São Paulo abrem suas instalações aos fins de semana para usufruto da comunidade local, por meio da atuação de profissionais da educação designados, voluntários e estudantes do ensino superior, estes últimos con-

exceção é somente aceita porque os documentos de estágio estão vinculados às unidades escolares da rede estadual, compreendendo-se que não fere diretamente as normas do CNE.

No caso das universidades,[25] a alternativa mais viável para possibilitar o compartilhamento dos estágios das situações formais com as não formais de ensino seria o uso da prerrogativa da autonomia universitária apontada pela Constituição Federal brasileira de 1988. O caput do artigo 207 garante esse pressuposto, ainda que seja a única referência sobre o assunto em todo o documento.

> Art. 207. As universidades gozam de autonomia didático-científica, administrativa e de gestão financeira e patrimonial e obedecerão ao princípio de indissociabilidade entre ensino, pesquisa e extensão. (BRASIL. Constituição da República Federativa do Brasil, 1988)

Cabe ressaltar que a Constituição, por ser o conjunto das leis máximas que regem o país, é propositadamente abrangente, pois dispõem sobre toda matéria legal de ordem nacional[26]. Mônica

---

tratados por meio de bolsas do Programa Bolsa Universidade (Disponível em: <http://escoladafamilia.fde.sp.gov.br/v2/Sub pages/sobre.html>. Acesso em: 16 jul. 2009).

[25] A LDBEN define a universidade como instituição pluridisciplinar de "formação dos quadros profissionais de nível superior, de pesquisa, de extensão e de domínio e cultivo do saber humano" (BRASIL. Lei Federal nº 9.394, de 20 de dezembro de 1996, art. 52). Ela se caracteriza pelo desenvolvimento de estudos sistemáticos dos temas relevantes e pela produção intelectual institucionalizada (inciso I). Outro detalhe é que em seu quadro de docentes qualificados, pelo menos um terço deve atuar em regime de tempo integral (inciso II e III).

[26] Segundo José Afonso da Silva a Constituição é "um sistema de normas jurídicas que regula a forma do Estado, a forma de seu governo, o modo de aquisição e o exercício do poder, o estabelecimento de seus órgãos, os limites de sua atuação, os direitos fundamentais do homem e as respectivas garantias" (apud LINHARES, 2005, p. 124).

Linhares (2005), ao tratar do histórico da autonomia universitária no Brasil, relembra que antes da Constituição Federal de 1988[27], a autonomia universitária "era uma concessão legal, definida em lei, com contornos jurídicos, amplitude, conteúdo e limites fixados em lei infraconstitucional" (LINHARES, 2005, p. 125). Dessa forma, a aplicação da autonomia universitária deveria ser exercida na forma de lei, o que a princípio contradiz o próprio conceito de "autonomia".

Com as mudanças advindas do processo de redemocratização do país a partir da década de 1980, mudou-se o rumo das orientações sobre a autonomia universitária, passando a ser expressamente garantida na Carta Magna, que, salvo alterações de ordem constitucional, confere segurança às instituições universitárias para discorrerem sobre seus assuntos com limites ampliados.

Alinhando-se com os direcionamentos da presente pesquisa, o debate sobre a autonomia universitária está focado preponderantemente na natureza didático-científica referida no artigo 207 da Constituição. As questões administrativas e gerenciais, bem como o conceito de indissociabilidade entre ensino, pesquisa e extensão serão abordadas ao longo do texto quando se referirem aos assuntos relativos à organização dos estágios curriculares supervisionados na formação inicial de professores. A autonomia didático-científica confere à universidade o reconhecimento de sua competência para definir a relevância do conhecimento a ser

---

[27] A autora destaca o artigo 80 da Lei Federal nº 4.024/1961; os artigos 2º, 3º, 4º, 16 e 21 da Lei Federal nº 5.540/1968; a Emenda Constitucional nº 1/1969 e os artigos 2º e 4º do Decreto-Lei nº 464/1969; entre outros atos legislativos (LINHARES, 2005).

ensinado e sua forma de ensino, reiterando o pluralismo de ideias e a liberdade de ensino (LINHARES, 2005). No artigo 53 da LDBEN, especialmente os incisos I e II e o parágrafo único, dispõe-se sobre as atribuições das universidades em relação à autonomia didático-científica:

Art. 53. No exercício de sua autonomia, são asseguradas às universidades, sem prejuízo de outras, as seguintes atribuições: I - criar, organizar e extinguir, em sua sede, cursos e programas de educação superior previstos nesta Lei, obedecendo às normas gerais da União e, quando for o caso, do respectivo sistema de ensino; II - fixar os currículos dos seus cursos e programas, observadas as diretrizes gerais pertinentes; (...) Parágrafo único. Para garantir a autonomia didático-científica das universidades, caberá aos seus colegiados de ensino e pesquisa decidir, dentro dos recursos orçamentários disponíveis, sobre: I - criação, expansão, modificação e extinção de cursos; II - ampliação e diminuição de vagas; III - elaboração da programação dos cursos; IV - programação das pesquisas e das atividades de extensão; V - contratação e dispensa de professores; VI - planos de carreira docente. (BRASIL. Lei Federal nº 9.394, de 20 de dezembro de 1996)

De acordo com os referidos incisos e parágrafo da atual LDBEN, a universidade pode constituir suas próprias matrizes curriculares e a organização estrutural para que todas as exigências mínimas sejam plenamente observadas, incluindo os estágios curriculares supervisionados. Esta compreensão é reforçada por outros atos normativos homologados pelas instâncias competentes, valorizando a flexibilidade para inovações e as decisões de cada instituição universitária dentro de suas competências. Tanto a argumentação do Parecer CNE/CP nº 9/2001 como a do artigo 7º da Resolução CNE/CP nº 1/2002, que instituem as diretrizes curriculares nacionais para a formação de professores da educação básica em nível superior, retomam claramente as prerrogativas à auto-organização referida pelo artigo 207 da Constituição ao incentivarem os processos autônomos de formação em cursos com identidade própria, cujas decisões sejam do âmbito da sua direção e colegiado competente.

Os estágios, como componentes intrínsecos dos cursos de formação de professores, também fazem parte da estrutura organizacional curricular que as universidades estabelecem de acordo com os princípios que seguem. De maneira explícita, ou, por vezes, contida no subtexto dos atos normativos, os estágios podem ser organizados pelas instituições universitárias, seguindo as disposições específicas sobre o assunto. A própria LDBEN dispõe no caput do artigo 82: "Os sistemas de ensino estabelecerão as normas de realização de estágio em sua jurisdição, observada a Lei Federal sobre a matéria" (BRASIL. Lei Federal nº 9.394, de 20 de dezembro de 1996).

A Lei Federal citada pela LDBEN é a nº 11.788/2008, que concentra a atenção para as questões administrativas e operacionais dos vínculos e exercício efetivo do estágio, especialmente nos assuntos que cruzam o estágio com o mundo do trabalho. Essa lei orienta os procedimentos que articulam as relações entre as três instâncias para que se efetive qualquer estágio: a instituição formadora, a instituição concedente e o próprio estagiário. A Lei nº 11.788/2008 não entra em muitos detalhes sobre a questão curricular dos estágios, uma vez que trata de todos os tipos de estágio do sistema educacional (o ensino médio profissionalizante, o ensino técnico, o estágio profissional e o estágio docente). No caso do estágio curricular docente, ele ficaria a cargo das instâncias normativas (MEC e CNE principalmente) e à própria universidade, como está expresso na LDBEN.

O próprio Parecer CNE/CP nº 9/2001, no trecho citado, ao propor que cada instituição formadora "construa projetos inovadores e próprios" (BRASIL. Conselho Nacional de Educação. Parecer CNE/CP nº 9, de 08 de maio de 2001), explicita o âmbito da autonomia e incentiva a elaboração de propostas curriculares que busquem a superação de limites e possuam perfil definido. Nessa mesma direção, o Decreto nº 5.773/2006, que dispõe sobre o exercício das instituições de educação superior e dos cursos superiores, afirma, no inciso IV do artigo 16, que o plano de desenvolvimento institucional deverá conter, pelo menos, os seguintes elementos: (...)

IV – organização didático-pedagógica da instituição, com a indicação de números de turmas previstas por curso, número de alunos por turma, locais e turnos de funcionamento e eventuais inovações consideradas significativas, especialmente quanto à flexibilidade dos componentes curriculares, oportunidades diferenciadas de integralização do curso, atividades práticas e estágios, desenvolvimento de materiais pedagógicos e incorporação de avanços tecnológicos; (...). (BRASIL. Decreto nº 5.773, de 09 de maio de 2006, grifo nosso)

Evidencia-se, portanto, a competência das universidades em elaborar seus próprios planos de estágio supervisionado como parte da estrutura curricular. Reforçam-se, ainda, os aspectos desejáveis das "inovações consideradas significativas", nas quais o compartilhamento das experiências de estágios na educação formal e não formal poderia constituir uma delas. No âmbito das universidades que atuam obrigatoriamente com o ensino, a pesquisa e a extensão, essa possibilidade de compartilhamento é mais concreta e, de fato, efetiva em algumas delas, especialmente as universidades públicas – o próprio Instituto de Artes da Unesp/SP, uma das fontes de dados desta pesquisa, é um dos ISE pertencentes ao contexto que adota tal posicionamento.

Essa realidade, porém, torna-se mais nebulosa quando se trata de um ISE isolado ou vinculado às categorias menores em relação às universidades. Essas instituições não podem contar com toda flexibilidade que a autonomia universitária garante às universidades, retomando as condições já descritas no decorrer deste capítulo, em que os cursos de licenciatura têm de seguir as compreensões mais seguras das normas diretivas emanadas pelas leis, resoluções, pareceres e portarias, ou seja, com menos margem de ousadia curricular. Diante dessa situação, no que diz respeito ao delineamento identitário e da profissionalidade docente em relação às modalidades de educação formal e não formal, é bastante provável que haja uma diferença substancial na formação inicial desses profissionais, mesmo que sejam da mesma categoria laboral. Supõe-se que, ao perceber as diferenças entre o ensino formal e o não formal, o futuro docente tem condições de ampliar seu leque de experiências e tomar consciência de estratégias e repertórios que só seriam desenvolvidos em cada uma dessas modalidades educacionais. Essas vivências em forma de estágio curricular, ao serem permitidas e até incentivadas por determinados cursos de formação de professores – a despeito de outras possíveis diferenças entre cursos e instituições – contribuem, de fato, para um profissional mais preparado para os desafios da nossa sociedade.

Ao compreender melhor as normatizações que direcionam e garantem a qualidade dos cursos de formação de professores, como licenciaturas, esclarece-se a importância de analisar as características e as pretensões quanto ao profissional que objetivam formar. Maior autonomia, obrigatoriamente, demanda maiores responsabilidades e, nesse caso, são esperadas das universidades a "flexibilidade" e a "inovação" no campo acadêmico, assumindo seu papel de propositoras de novas posturas epistemológicas na construção de identidades profissionais mais articuladas à práxis docente contemporânea.

2.5 O estágio nos cursos de licenciatura em artes visuais: possibilidades e desafios na educação não formal

Até agora, delineamos o entendimento do estágio como elemento essencial e intrínseco da estrutura curricular dos cursos de formação de professores e acreditamos que, com a devida orientação, a ampliação desse estágio para vivências compartilhadas de educação formal e não formal podem constituir experiências significativas na construção da identidade e da profissionalidade docente. As normas que direcionam os cursos de graduação são taxativas no sentido em que as vivências buscadas sejam orientadas para a educação formal. Porém, deseja-se também a inovação e adequação aos perfis específicos dos cursos, desde que suportados pela estrutura da universidade na qual se encontram, com qualidade de formação assegurada, abrindo a possibilidade para esta experiência compartilhada.

Sem dúvida, os cursos de licenciatura em artes visuais seriam um dos grandes beneficiados se tal postura fosse seguida pelos ISE ligados às universidades e, assim, abrir precedentes para que os ISE isolados também pudessem adotar posicionamentos semelhantes. A própria constituição dos cursos de licenciatura em artes visuais se deve às práticas desenvolvidas em espaços de educação não formal como das Escolinhas de Arte, dos museus e das instituições culturais, conforme visto no Capítulo I. Pesquisas e estudos mais recentes apontam as contribuições do compartilhamento de vivências formais e não formais nas licenciaturas em artes visuais, ainda mais se ocorrem durante o exercício dos estágios supervisionados. Os estudos de Ana Del Tabor V. Magalhães (2002) e as pesquisas acadêmicas de Solange dos Santos Utuari (2004), Lídice Romano de Moura (2007) e Valéria Peixoto Alencar (2008) foram algumas referências que nortearam parte significativa das reflexões desta investigação, apesar de nem todas trabalharem diretamente com a questão do estágio curricular supervisionado na formação inicial dos professores de Arte, e contribuíram para a percepção mais apurada dos novos desafios que estão se delineando nesta área de conhecimento.

Retomando o espírito inicial do Movimento Escolinhas de Arte e da própria gênese da Proposta Triangular, o contato direto com a produção estética e artística dos diferentes grupos e contextos também se constitui como pontos nevrálgicos da formação do licenciando em artes visuais. Os saberes decantados das experiências estéticas com o universo da produção, difusão e acesso da Arte são imprescindíveis para que se construa, de fato, a profissionalidade docente do arte/educador. A limitação dessa medida pode resultar em confinamento das práticas de Arte em sala de aula às técnicas tradicionais, a chamada "estética escolar", ou fazer com que o professor de Arte fique à mercê das imposições das escolas (Magalhães, 2002, p. 167). Utuari (2004) apresenta reflexões semelhantes ao apresentar as inquietações iniciais de sua pesquisa:

> Será que o distanciamento entre o professor e a vida cultural dos museus, galerias, teatros e outros espaços estaria refle-

tindo nessas práticas do ensino de arte na escola? Será que esse profissional em sua formação teve uma aprendizagem significativa e proximidade com a produção artística da sua cidade, frequentando museus e exposições, estabelecendo diálogos entre o que aprendia nas disciplinas formadoras e a sua vida cultural? Será que hoje frequenta museus e exposições temporárias como fruidor, apreciador de arte, e não apenas como acompanhante dos seus alunos em passeios culturais organizados pela escola? Experiências estéticas no contato com obras originais em museus influenciam a qualidade da formação e consequentemente o trabalho docente? (UTUARI, 2004, p. 28)

Magalhães (2002), na Universidade Federal do Pará (UFPA) e Utuari (2004), na Universidade Cruzeiro do Sul em São Paulo (Unicsul), propõem em seus estudos a vivência compartilhada do estágio curricular supervisionado em museus de Arte como meio de aproximar os alunos-estagiários dos centros de veiculação da produção artística, desfazendo esse quadro redutor das ações dos futuros professores. Nessas instituições culturais, os estagiários estão permeáveis às "visitas monitoradas em que acontecem as leituras e releituras de obras de Arte, palestras, oficinas e outros eventos de natureza artístico-cultural" (MAGALHÃES, 2002, p. 169), além de outras oportunidades como o "encontro não apenas com o produto artístico como com o produtor; o artista vivo que estava no museu participando da montagem e vernissage" (UTUARI, 2004, p. 112). Acompanhar a práxis educativa dos museus e de instituições semelhantes, portanto, oferece um enorme leque de repertório que o estagiário levará para a própria vida, ontológica e profissionalmente. Jociele Lampert (2005) acrescenta ainda no rol de exigências da formação e do estágio a construção de uma poética catalisadora, semelhante à potência da invenção artística:

> Se pensarmos o artista e sua obra, a poética enquanto relação de diálogo do processo criativo no fazer plástico e, em correlação, pensarmos a questão do professor e suas articulações na ação pedagógica, certamente encontraremos um processo criador. (...) Construir esta poética no estágio curricular supervisionado é tarefa árdua, é amarrar nossa área de conhecimento a implicações híbridas imbricadas no processo educacional. (LAMPERT, 2005, p. 153)

A despeito de todos os esforços das disciplinas de prática artística nos cursos de formação, parte essencial desta conscientização poética deve ser dividida com as experiências estéticas que os alunos comungam nos espaços da Arte. A convivência, a interlocução e os estudos sistematizados dos núcleos de ação educativa que cada vez mais se tornam frequentes nos espaços expositivos têm se somado para alimentar a discussão sobre a mediação nessas instituições, invariavelmente contribuindo para a formação dos licenciandos.

Moura (2007) propôs um olhar analítico sobre a necessidade de inclusão das vivências em mediação de exposições culturais e/ou de artes visuais para o futuro professor de Arte. Essa questão da "mediação cultural", como vem sendo conceituado crescentemente,[28] apresenta o espaço cultural como produtor de vivência e saberes de ensino e aprendizagem significativos. Moura (2007), como professora da Universidade Santa Cecília (UniSanta), em Santos--SP, desenvolve junto com os alunos a disciplina "Mediação Arte/Público", introduzida na grade do curso de licenciatura em artes visuais após a introdução de uma galeria de arte da universidade (MOURA, 2007, p. 100).

Corroborando as análises da presente pesquisa, a pesquisadora cita também as iniciativas de outras universidades que estão procurando diversificar as propostas epistemológicas dos futuros professores de Arte: a Universidade Federal de Pernambuco (UFPE), a Universidade Federal do Paraná (UFPR), a já citada Unicsul, o Instituto de Artes da Universidade Estadual Paulista (IA/Unesp), a Escola de Comunicação e Artes da Universidade de São Paulo (ECA/USP) e a Universidade Estadual de Campinas (Unicamp), porém nem todas atuam especificamente com o estágio não formal.

Contando com os ISE já referidos, são, portanto, inúmeras universidades – que, se valendo integral ou parcialmente das prerrogativas da autonomia universitária –, vêm destacando a discussão da educação não formal como fonte de reflexão e de produção de conhecimento com seus alunos. Esses números, porém, ainda são pequenos se comparados aos cerca de 80 cursos de licenciatura em Arte que estão em funcionamento no Brasil, nem sempre ligados às instituições universitárias (MOURA, 2007).

---

[28] Cf. Capítulo I, p. 36-40.

Objetivando analisar e traçar um possível perfil dos mediadores culturais que atuavam nas exposições de artes visuais em São Paulo no ano de 2006, dentro do espectro de sua amostragem, Alencar (2008) evidencia o anseio de tais mediadores em profissionalizar e estabilizar esta atuação, ainda caracteristicamente temporária e fragmentada. Esse novo status almejado por estes educadores mediadores depende diretamente da compreensão que os cursos de licenciatura focam na formação do futuro arte/educador, ou seja, ao trazer para os ISE o debate da mediação cultural, amplia-se o horizonte profissional, além de proporcionar novas reflexões para a ação em sala de aula.

A maioria dos relatos e estudos relacionando a licenciatura em artes visuais e a educação não formal elege o museu ou os espaços expositivos semelhantes como os *loci* colaborativos da prática formal. Outras experiências de arte/educação não formal são desenvolvidas no chamado Terceiro Setor, que arregimenta os núcleos de atuação oriundas da própria sociedade civil, comumente acionados por meio das organizações não governamentais (ONGs). Analisando o ensino de Arte em ONGs, Lívia Marques Carvalho (2008) reflete sobre a formação de quem ensina arte nessas instituições e aponta possíveis caminhos a serem avaliados:

> (...) a habilitação acadêmica, por si só, não é suficiente para preparar o educador para realizar um trabalho de qualidade nesse campo de ensino [nas ONGs]. (...) A realidade observada aponta para a necessidade de os cursos de Licenciatura em Artes elaborarem currículos mais adequados à realidade

do mercado de trabalho e que ofereçam conhecimento e treinamento que habilitem os alunos a atuar adequadamente em espaços especiais, e não apenas nas escolas regulares. (CARVALHO, 2008, p. 112)

Nesse caso, apesar de a pesquisadora concentrar sua pesquisa exclusivamente no ensino de Arte nas ONGs, ela evidencia a preocupação na qualificação dos arte/educadores que atuam nestas instituições, nas quais a formação em Arte e o foco na operacionalização pedagógica são aspectos desejáveis nesses profissionais. Embora não seja o cerne dos cursos de licenciatura, que é o professor da educação formal básica, experiências bem refletidas dessas situações serão sempre bem-vindas ao repertório de todo educador, desobstruindo práticas emperradas e livrando cabrestos didáticos. Se tais vivências não podem ser sistematica e compulsoriamente adotadas pelos cursos em seu programa de estágio, deveriam ser permitidos e estudados àqueles que por circunstâncias conseguissem tal empreitada, obedecendo a regras de compartilhamento com a educação formal.

A saturação dos esquemas educacionais da prática formal encontra-se em mais uma encruzilhada na sua longa jornada epistemológica junto à sociedade. Para o ensino de Arte, voltar às suas origens sem negar todas as conquistas como componente curricular da educação básica pode ser a condição de desenvolvimento ontológico necessário para o desenvolvimento da profissionalidade docente em artes visuais.

O estágio supervisionado é a principal ação-reflexão-ação desenvolvida dentro da disciplina Prática de Ensino em Artes Plásticas. Representa um momento significativo para a elaboração criativa e crítica da ação pedagógica, proporcionando ao aluno um diálogo constante com a realidade circundante, atuando de forma contextualizada. (MAGALHÃES, 2002, p. 165-166)

O estágio, portanto, não deve permanecer como atividade de observação e de comentários vazios, tampouco como "atividade de aplicação, dissociada da teoria" (VASCONCELLOS, 2007, p. 48). Essa ação-reflexão-ação (SCHÖN, 2000; PIMENTA e LIMA, 2009) revelada na práxis nas ações educativas formais e não formais são transformadas em saberes construídos pelos alunos/estagiários ao sustentarem ações que desencadeiam novas reflexões em um processo intermitente e dialético, além de visar "construir, no futuro profissional, uma capacidade investigativa oriunda do trabalho de reflexão de sua própria prática docente" (GHEDIN, ALMEIDA e LEITE, 2008, p. 74).

A busca pela qualidade no ensino da Arte, seja nas modalidades de educação formal ou não formal, demanda das instituições formadoras uma nova postura epistemológica, baseada na reflexão sobre a sociedade e a realidade contemporânea. Ainda aparentemente caminhando na direção contrária, algumas universidades podem abrir verdadeiras veredas ao organizarem seus estágios curriculares compartilhando e pesquisando tais modalidades de ensino, e, por consequência, possibilitando que outras instituições possam adotar o mesmo modelo, atualizando suas agendas com os compromissos sociais fixados com seus formandos.

3. O que dizem os licenciandos

A vida pessoal, a expressão, o conhecimento e a história avançam obliquamente, e não em linha reta para os fins ou para os conceitos. Não se obtém aquilo que se procura com demasiada deliberação, e, pelo contrário, as ideias, os valores não deixam de vir àquele que soube em sua vida meditante libertar-lhes a fonte espontânea.

M. Merleau-Ponty[29]

Ao analisar a função epistemológica do estágio curricular supervisionado na formação inicial do docente, fica evidente a necessidade do desenvolvimento da sua profissionalidade de maneira integral e, em especial às suas próprias construções, consciente de sua imersão em um processo de mentalidade(s) em movimento e articulando suas vivências na educação com todo universo de experiências edificadas ao longo da vida. Porém, como alerta Merleau-Ponty, esse caminho nem sempre é reto, claro; é oblíquo, torto, demanda jogo de cintura e esforço de percepção. Necessita de meditação.

Neste capítulo, apresento um olhar reflexivo às falas coletadas em duas reuniões realizadas com grupos focais diferentes, ambos formados por licenciandos em artes visuais em suas fases finais de formação, porém de instituições formadoras distintas. Procurei destacar os sentidos oferecidos pelas falas dos participantes e buscar outros que se interseccionam com as referências levantadas nos capítulos anteriores, além de minhas próprias referên-

---

[29] MERLEAU-PONTY, Maurice. O olho e o espírito, p. 119.

cias, constituídas no meu processo de formação, que, aliás, está em engendramento nesta pesquisa. O diálogo com os grupos foram registrados e transcritos integralmente e estão disponíveis em apêndices (Apêndices 1 e 2).

Muitas veredas se abriram diante do diálogo franco com os licenciandos, oferecendo amplas possibilidades de escavação de sentidos. Esses caminhos tortuosos e repletos de significados, apesar de serem uma pequena fração do universo formativo dos docentes, revelaram não apenas os saberes exigidos para a docência, como evidenciaram a necessidade de se perceber, de fato, as decepções, as angústias, os desejos e as paixões que nos constituem como educadores. A essas percepções, Merleau-Ponty (2004) acrescenta:

> Aquilo que queremos dizer não está à nossa frente, fora de qualquer palavra, como pura significação. É apenas o excesso daquilo que vivemos sobre o que já foi dito. Instalamo-nos, com nosso aparelho de expressão, numa situação à qual ele é sensível, confrontamo-lo com ela, e os nossos enunciados não passam do balanço final destas trocas. (MERLEAU-PONTY, 2004, p.118, grifo do autor)

Mediante esse balanço, que não é final em si mesmo, mas um final provisório, novas experiências e novos sentidos alimentarão outras reflexões, ressignificando as concepções sobre a construção de nossa identidade docente.

3.1 Os contextos dos grupos focais da pesquisa

Foram definidos e acompanhados dois grupos focais entre estudantes de dois cursos de licenciatura em artes visuais com realidades distintas, a fim de perceber como os estágios e sua inserção na educação não formal eram entendidos pelos próprios alunos. As turmas do último período (6º semestre) de 2008 da Faculdade de Educação e Cultura Montessori (Famec) de São Paulo foram escolhidas devido à minha atuação como professor de Prática de Ensino e orientador dos estágios supervisionados naquela instituição. Correspondentemente, escolhi a turma do último ano de 2008 (4º ano) do Instituto de Artes da Unesp (Campus São Paulo) porque é a instituição onde me formei em 1998, trazendo ainda muito do espírito vivenciado naquela época. O intuito de buscar esses dois grupos focais é perceber e analisar as falas, os implícitos, as semelhanças, as diferenças e os sentidos oferecidos pelos participantes, assim como entender as instituições e suas peculiaridades latentes pela voz de seus alunos.

A Faculdade de Educação e Cultura Montessori (Famec) era um Instituto Superior de Educação (ISE) de caráter privado e de pequeno porte (faculdade isolada) que vinha atuando na cidade de São Paulo desde 1997. Recentemente, em novembro de 2008, foi adquirida pelo grupo Estácio/UniRadial, passando a fazer parte desse grupo, portanto passando ao status de centro universitário.[30] Por ser classificada como faculdade isolada na época da pesquisa, as orientações de estágio sempre foram baseadas em entendimentos à risca sobre o que a legislação e as normas regulamentam, conforme analisado no Capítulo II deste trabalho. Apesar de ter contatos semanais com os alunos, o grupo focal foi definido como uma ótima oportunidade de perceber, em profundidade, o que eles pensavam a respeito das experiências de estágio e outros assuntos relacionados. A única oportunidade de os estagiários da Famec se aproximarem de propostas de educação não formal são os projetos em que a escola ou o sistema educacional implantam dentro de suas próprias delimitações, como é o caso do Programa Escola da Família, considerando que a documentação comprobatória ainda é vinculada a uma instituição de educação formal. Estágios realizados em instituições de outra natureza (museus, centros culturais, ONGs etc.) são preteridos.

O Instituto de Artes (IA) está vinculado à Universidade Estadual Paulista "Júlio de Mesquita Filho" (Unesp). Como constitui uma universidade, pode contar com um conselho deliberativo formado pelo corpo docente que define a gestão pedagógica de seus cursos, valendo-se, quando necessário, da prerrogativa da autonomia universitária. Nessa perspectiva, o conselho do IA-Unesp tem

---

[30] Em vista da fusão com o grupo Estácio/UniRadial durante o processo da presente pesquisa e a expectativa de total administração do grupo em dois anos – tempo de encerramento gradual das turmas cujas matrículas foram firmadas de acordo com o regimento da instituição adquirida – optei em manter a nomenclatura Famec ao longo da dissertação. Com o status de centro universitário, futuramente talvez sejam revistas as normas de cumprimento dos estágios curriculares supervisionados para o curso de licenciatura em artes visuais.

garantido a realização sistemática dos estágios supervisionados em espaços de educação não formal ao longo dos anos, revelando sintonia com as necessidades da sociedade atual.[31] Participei de algumas aulas de Prática de Ensino da turma do 4º ano de artes visuais na modalidade licenciatura no início do primeiro semestre de 2008, a fim de conhecer um pouco a turma e que o convite para participar do grupo focal não fosse tão deslocado de sentido para os alunos.

Partindo dos critérios de constituição de grupos focais levantados por Gatti (2005)[32], os grupos foram formados a partir da disponibilidade e da boa vontade dos alunos. Na Famec a possibilidade de realizar o grupo focal era apenas às tardes, pois não podiam dispor das minhas aulas da manhã ou da noite. Este fato foi determinante, pois apenas participaram alunos do curso matutino, que resolveram permanecer no dia marcado para a reunião na própria faculdade. Participaram seis alunos de um montante de cerca de 120 que contabilizam as três turmas de 6º semestre de 2008 (uma diurna e duas noturnas). O grupo formado por alunos do IA-Unesp teve uma conformação mais oportuna, pois pude utilizar o segundo módulo de um dia de aula da disciplina de Prática de Ensino, cedido especialmente para a pesquisa. Com o convite, participaram oito alunos de um total de cerca de 25 alunos da turma do 4º ano de artes visuais.

---

[31] Instituto de Artes da Unesp campus São Paulo. Proposta de reestruturação curricular – artes visuais. Item V: A proposta de reestruturação e a revisão dos itens V, VI e VII solicitados na resolução Unesp 45.
[32] Cf. Introdução, p. 14-15.

As duas reuniões duraram em torno de uma hora, tempo suficiente para coletar as falas dos alunos. O assunto, apesar de ter sido informado de antemão que se relacionava ao estágio curricular dos cursos de licenciatura em artes visuais e às experiências de educação não formal, não foi apresentado em detalhes que comprometessem o surgimento de opiniões e debates, seguindo as necessidades características de grupo focal.

A minha mediação nas conversas foi realizada com esforço de manter o foco, evitando interferir diretamente nas falas dos alunos. Com o grupo dos alunos do IA-Unesp essa postura foi mais fácil, em especial pelo desconhecimento de ambas as partes, mesmo tendo acompanhado dois meses de aulas do semestre letivo nessa classe. No caso do grupo dos alunos da Famec, a situação foi mais adversa. Por ser professor de Prática de Ensino e orientador de estágios, houve uma tendência mais dialogal de minha parte, apesar da consciência em procurar manter certo distanciamento nas conversas. Em certos momentos, percebia a expectativa de minhas falas vinda dos participantes no decorrer do grupo focal da Famec, o que não ocorreu com o grupo do IA-Unesp, cuja ação mediadora foi menos invasiva e mais observadora.

3.2 E, afinal, o que dizem os licenciandos?

Na presente investigação, de cunho qualitativo em que se aplicou a metodologia de grupo focal para obtenção de informações, as falas dos licenciandos geraram uma coletânea de descrições, impressões, questionamentos, análises e reflexões sobre os estágios vivenciados e, de maneira mais abrangente, sobre a educação em geral. Sob inspiração do enfoque fenomenológico, entendeu-se as reflexões dos alunos (sobre o estágio e de outras naturezas) como objeto de estudo, expresso por seus discursos, potencialmente gerador de conhecimento.

Para tanto, tornou-se necessário reunir as falas dos sujeitos em torno de algumas categorizações ou temas a fim de explicitar as reflexões por elas inflamadas. A variação do foco, da profundidade e do detalhamento das falas, características da captação dos discursos por meio de grupos focais, reverberou diretamente na análise dos dados e nas suas consequentes categorizações. Não foi possível, portanto, separar os discursos em categorias definitivas, pelo amálgama conceitual que vários trechos entrelaçam. Revelou-se, no entanto, quatro temas potenciais, direcionadores de reflexões: o falar sobre as experiências no formal e no não formal, o supervisor mediador (ou não mediador) dos estagiários nas instituições, o descobrimento dos sentidos de ser educador e a paixão em ser educador.

Essas categorias foram iluminadas, em parte, pelas fundamentações teóricas dos capítulos anteriores, porém surgiram em uma relação dialética entre as falas dos estudantes e a escuta do mediador. Ao definir tais categorias, explicito os direcionamentos que cercam as intenções desta pesquisa, pois os direcionamentos gerados pelos dados brutos coletados podem indicar inúmeros sentidos para os mesmos. Convém mencionar que, por serem temas inspirados ao longo da própria análise dos dados, somados às flutuações discursivas, alguns trechos citados podem compor mais de uma categoria.

Em relação aos destaques das falas coletadas nos grupos focais, convém acrescentar que houve uma reorganização sintática para adequá-las ao texto escrito, sem prejuízo do sentido incorporado às mesmas. Essa medida foi necessária para evitar o excesso de rubricas de correção, uma vez que o material bruto está na linguagem coloquial, com suas variações e oscilações. Para preservar as identidades dos participantes, foi adotada a nomenclatura "A1 IA-Unesp", "A2 IA-Unesp", "A4 Famec" e assim por diante.

3.2.1 O falar sobre as experiências no formal e no não formal

Uma visão panorâmica sobre os resultados coletados nos dois grupos focais aponta imediatamente para a necessidade dos participantes em relatarem tanto as experiências na educação formal, quanto não formal. Esta ocorrência reitera a proposição do Capítulo I em que, para se referir ao não formal, devem-se levar em conta as características do formal e vice-versa. Por mais que, inicialmente, estivessem cientes de que a educação não formal era o interesse primordial da pesquisa, a obliquidade da conversa gerou outras propostas de discussão. Nos diálogos em geral, a noção de educação formal está consolidada nos discursos dos dois grupos, como a exercida na instituição escolar oficial. Outras falas coletadas revelam entendimentos sobre o que define a educação não formal e a informal, especificamente para o grupo do IA-Unesp, cuja necessidade dessas definições ficou mais evidente em meio à discussão.

A6 IA-Unesp – **E, para comentar algumas coisas envolvendo o ensino formal, não formal e o informal. A gente aqui na universidade, acho que a gente se forma nestes três campos. Aqui na universidade, claro, é uma coisa mais institucionalizada, mas o estágio de certa forma, mesmo que ele esteja na grade, ele tem características do não formal e do informal também. Acho que não formal e o informal tem uma coisa assim, cruzada que...**

A1 IA-Unesp – **Para mim é difícil...**

A6 IA-Unesp – **Acho que não são a mesma coisa. Para mim, o informal fica num caráter um pouco mais de vida, de um todo. Assim, você pode aprender em casa, com os familiares, na rua, na conversa com outras pessoas, num show, na sua família como um todo: seu pai, seu irmão. O não formal dá a impressão que não tem essa característica tão rigorosa quanto na escola, no curso, disso e daquilo, mas, por exemplo, quando o aluno está num museu, ele pode ter essa experiência sozinho. Ele pode ter essa experiência não formal e de conhecimento.** (Grupo focal IA-Unesp, de 17 de abril de 2008)

Nesse trecho a estagiária expõe sua ideia sobre as modalidades informal e não formal de educação, aproximando-se muito das considerações levantadas no Capítulo I, sobretudo, associando a informal com os modos difusos de aprendizagem na convivência coletiva e a não formal como educação intencional, organizada metodologicamente e sistematicamente, cuja ação ocorre fora da esfera hierárquica dos sistemas oficiais de ensino. Quando diz que os fruidores têm a oportunidade de viver uma experiência de aprendizagem "sozinhos" no museu, considera, implicitamente, toda a preparação sistematizada das exposições de arte, incluindo a curadoria, que sempre apresenta uma proposta conceitual e museográfica, que é, em si, uma ação mediadora.

No grupo da Famec, a definição sobre a educação não formal não surgiu de maneira pontual, porém suas características eram apresentadas durante o diálogo, especialmente pelo entendimento já tratado em aula sobre o caráter não formal do Programa Escola da Família, do qual vários alunos são bolsistas.

A2 Famec – **A gente acha estranho porque, ao final de semana, a porta sempre fica aberta. Eles vão e entram e ficam à vontade. Em dia de semana, a coordenadora fala: "H., não deixa eles ficar andando no corredor, eu não consigo..."; "Tá bom, eu vou tentar"...**

A5 Famec – **E às vezes são os mesmos alunos.**

A2 Famec – **São os mesmos alunos do final de semana. A gente não tem a mesma preocupação de ficar prendendo: "Não, você vai ficar aqui, fecha a porta", entendeu? (...)**

A2 Famec – **Mas é isso... Só no dia a dia que a gente aprende. As diferenças da Escola da Família, escola convencional, como vai ser, o que vai acontecer... Isso é legal, porque às vezes a gente quer dar uma aula numa escola que tem toda aquela dinâmica, de ter a possibilidade todo final de semana dar aquela aula empolgante.** (Grupo focal Famec, de 16 de maio de 2008).

Nesses trechos da mesma estagiária (A2) transparece a descoberta do projeto e a distinção entre a educação formal e a não formal. Ela frisa os distintos modos de operação no dia a dia das duas formas de organização educacional: uma que ocorre dinamicamente aos fins de semana e outra, compulsoriamente, durante a semana, com os mesmos alunos. É claro que a estrutura curricular já tradicionalmente desenhada na maioria das escolas não oportuniza outras formas de organização de atividades educativas, o que ocorre com mais liberdade nos projetos de educação não formal. No entanto, o contato com tais experiências não formais adquire maiores dimensões ao oportunizar a reflexão sobre a aplicabilidade de propostas mais ousadas.

A1 Famec – **Acho que seria, do meu ponto de vista, a Escola da Família como se fosse a Escola da Ponte: ali todo mundo junto, todo mundo aprende a mesma coisa, seria o meu modo de pensar.**

A5 Famec – **É, a palestra**[33] **que nós fomos falava sobre isso.**

---

[33] Palestra do Prof. José Pacheco, ex-diretor da Escola da Ponte, ministrada no auditório do Museu de Arte de São Paulo (MASP) em 2007, na II Semana de Arte--Educação promovida pela ECA/USP.

A1 Famec – **Isso. Então, eu me vejo na Escola da Família desse jeito.** (Grupo focal Famec, de 16 de maio de 2008).

O estagiário compara a proposta desse tipo de organização com a praticada na Escola da Ponte (Portugal), que não deixa de ser uma instituição de educação formal, com ações, porém, que desafiam o modo tradicional de conceber uma estrutura curricular. As experiências da Escola da Ponte só foram possíveis, dentre vários fatores, pelo investimento conceitual bancado pelos educadores (e educandos) portugueses em uma escola menos opressora e mais colaborativa. Ao se aproximar de práticas dessa natureza, a educação não formal pode contribuir oferecendo outras possibilidades de compreender a concatenação de uma estrutura que se ajusta às ações inovadoras e construtivas do ponto de vista didático-pedagógico. A despeito do romantismo e/ou imprecisões que possam existir em torno de tais propostas, a busca por ideais é substancial para a prática docente, pois não se almejam transformações na profissão, que permanece imobilizada e conformada com as situações. Dessa forma, iniciativas renovadoras, sejam elas formais ou não formais, são bem-vindas na prática reflexiva do estágio curricular.

A realidade das ações educativas não formais também é passível de um olhar mais agudo sobre a natureza de seu funcionamento. Alguns alunos-estagiários explicitaram as diferentes percepções em relação às experiências proporcionadas pelos estágios nesta modalidade.

A1 IA-Unesp – **Onde fiquei muito tempo foi no Centro Cultural de Diadema, lá no bairro central da cidade. Como** estive mais tempo lá, tive uma grande experiência. A mais marcante nem é tanto de oficinas: foi entrar numa área de gestão pública cultural. Fiquei muito próxima das ações comunitárias, dos coordenadores técnicos, dos diretores e tudo mais. De como a gente resolve em um município que tem pouco tempo de emancipado, como Diadema e pouquíssima verba – nenhuma – para cultura... Como a gente faz para estes centros funcionarem com estrutura sem dinheiro? E também, como num centro cultural central, as atenções... É o maior teatro da cidade e a gente tem um problema sério de, também, ter jogo de cintura em termos políticos...

Mediador – É...

A1 IA-Unesp – É assim... Eu não coloquei isso no relatório [de estágio], mas é gritante. A gente tem que se desdobrar para remanejar evento cultural, porque nós temos um evento político. Então, o que tenho de mais forte nesta experiência foi o contato com o público. E, por parte da arte/educação mesmo, eu demorei para me encontrar. As oficinas acontecem, não são confusas. Quem fica na administração, só achando defeito, não tem relacionamento direto, também não conversa com as pessoas. As oficinas falam diretamente a um coordenador "X", numa hierarquia mais alta, mas também não dialogam diretamente com o administrador do espaço. É muito estranho. Então, comecei a dialogar com outras pessoas, professoras e tal.

E consegui que algumas educadoras começassem a trocar uma ideia comigo. Então, aí sim, que pude aproximar e a discutir, a conversar o que era melhor... E como eles lidam com a falta de material...

Mediador – O pessoal da gestão, não é...?

A1 IA-Unesp – **Não, os próprios professores.**

Mediador – Os professores?

A1 IA-Unesp – **Os professores... Como eles lidam com a falta de material. Você sabe, eles recebem um material da Cultura, um material razoável, bacana, tem tinta, bem variado... Só que chega um ponto em que, no meio do ano, já está faltando papel, não chega material do projeto de oficina... Lá eu vejo é muita criatividade por parte dos educadores mais próximos. De reciclar coisas...** (Grupo focal IA-Unesp, de 17 de abril de 2008)

A constatação das dificuldades encontradas nos trabalhos em espaços de educação não formal, como neste centro cultural municipal, possibilita uma reflexão mais apurada sobre as características de seu funcionamento, tanto administrativo quanto didático. Administrativamente, muitas vezes, essas iniciativas são encaradas como eventos de natureza política, expostas às variações de liberação e distribuição de verbas aos projetos, além de serem exigidos resultados expressos em quantidade e não em qualidade. Como relatado, o contato com as pontas (a comunidade e a administração) e os mediadores arte/educadores revelou para a estagiária a dinâmica de tensões que fazem parte do funcionamento dessas instituições, aproximando, com as devidas contextualizações, as relações político-administrativas também encontradas na escola formal. Essas relações implicam diretamente as práticas dos mediadores arte/educadores, que procuram driblar as dificuldades e a falta de recursos para que as atividades aconteçam. No caso relatado pela aluna-estagiária, os mediadores utilizam a reciclagem de materiais para solucionar a escassez ao longo dos trabalhos, o que interfere diretamente nas proposições didáticas planejadas.

A educação nem sempre é vista como parte essencial das atividades pelas administrações das instituições culturais: ainda está em processo a luta pela implantação e continuidade dos projetos de ação educativa em espaços de cultura. Análogo ao dilema apresentado pela aluna-estagiária sobre os dissabores políticos no andamento dos projetos culturais que interferem nas práticas dos mediadores (quando existem), em outras instituições, a própria construção docente desses mediadores são postas em xeque por eles mesmos.

> A6 IA-Unesp – (...) **Algumas instituições, por exemplo, algumas que eu trabalhei não tinham um núcleo de educativo.**
>
> Mediador – **Em museu, você está falando?**
>
> A6 IA-Unesp – **No Sesc.**[34] **Primeiro porque era temporário. Era assim: uma exposição durava dois meses ou três. O tempo todo estávamos recebendo público, escolas e tudo. E esse pensar sobre a arte/educação, a ação educativa não existia. Não sei o que eles pensavam... Se eles concordam,**

---

[34] Serviço Social do Comércio do Estado de São Paulo (Sesc-SP). Algumas unidades da cidade de São Paulo organizam exposições de arte temporárias.

se deveria realmente ter um esforço para construir este núcleo... Nossa preparação anterior não era... Era sobre a exposição, sobre os artistas, o tema: "olha, é isso aqui, isso aqui e isso aqui".

A1 IA-Unesp – O processo educativo é com vocês, né?

A6 IA-Unesp – É, o processo educativo não existia, como nos outros exemplos aqui citados, em que a educadora participava ou incentivava esse pensar dentro do museu. Não sei se é o caráter também temporário, sabe? E que, a cada exposição, este núcleo de estagiários e a própria exposição muda, então...

Mediador – Cada um com suas características... Acho que é um começo. No começo, quando eu fazia "monitorias" era assim mesmo. Contratavam estudantes e nem tinha curso, davam uma apostila e a gente lia a apostila.

A4 IA-Unesp – Mas, é engraçada a contradição, porque o Sesc é uma instituição que até ensina um pouco esta questão da arte/educação, como foi aquele encontro com Ana Mae[35]...

A6 IA-Unesp – Mais como um local para acontecer, mas não que esta prática esteja lá. (Grupo focal IA-Unesp, de 17 de abril de 2008)

A preocupação não somente com o conteúdo conceitual, mas com os processos de mediação, marca a familiarização destes es-

---

[35] Evento citado no início do grupo focal com os alunos do IA-UNESP, "A compreensão e o prazer da Arte" foi organizado por Ana Mae Barbosa e Lílian Amaral em 1998 no SESC Vila Mariana, do qual eu era estagiário na época.

tagiários com reflexões em profundidade sobre o tema, além do senso de responsabilidade que deveria nutrir a profissionalidade docente no mesmo patamar do pensar pedagógico. Além de entenderem as complicações pela falta de um setor educativo em espaços culturais, compreenderam também a necessidade da formação coletiva e aprofundada ao longo dos eventos e não apenas um curso apostilado, informativo, pontuado e memorizador, pouco antes de seu início. A constatação das contradições conceituais em relação às ações educativas também denota a fragmentação dos ideais que norteiam esses espaços, evidenciando o amplo trabalho a ser realizado para a implementação de mediação de qualidade.

Ainda sobre as experiências de ação educativa em espaços não formais, no grupo focal da Famec uma das alunas trabalhava no Museu de Arte Sacra de São Paulo (MAS) como educadora, não como estagiária. Como a espontaneidade é uma das características dos grupos focais, apresento as considerações que a referida aluna elaborou ao dialogar sobre as atividades dos colegas que estagiavam no Programa Escola da Família.

> A4 Famec – **Na minha época, que já trabalhei (Programa Escola da Família), às vezes tem domingos que não tem gente.**
> (...) A5 Famec – **...tem mães que colocam o filho na 1ª série e já está na 4ª série e nunca mais apareceu na escola. Uma reunião.**
> Mediador – **A mãe?**
> A5 Famec – **A mãe. A gente tem os alunos... O que fizemos? Trouxemos as mães para a escola. E a gente tem muitos alunos que frequentam os sábados e domingos (no Programa**

Escola da Família) que eram muito indisciplinados. (...) As mães não querem nem saber. A própria diretora, que frequenta com a gente, falou que ela não conseguiu trazer essas mães para a escola para resolver os problemas dos alunos. E a gente conseguiu.

Mediador – **Através da Escola da Família.**

A5 Famec – **É.** (...)

A6 Famec – **Eu vejo uma relação. Que, no caso, estou relatando o que eu faço no museu. No fim de semana eles fazem como se fosse um acolhimento. Aí, durante a semana, as crianças já estão mais em interação com a escola. Agora, no museu, eu me senti angustiada quando cheguei: "O que eu faço?", "Como é que eu trabalho aqui?", porque eu não sabia. Que você tem de saber fazer este acolhimento, pois, enquanto vocês (professores/estagiários de educação formal) têm o ano inteiro para conhecer o aluno, a gente tem o quê? Cinco minutos, dez minutos... E você tem que conquistar aquele grupo para conseguir desenvolver o trabalho no museu, que é de uma hora, 50 minutos, dependendo se o grupo chegou na hora certa ou não. Aí fica aquela relação: vocês fazem este acolhimento e a gente, no museu, também faz este acolhimento, só que o tempo influencia muito.**

(Grupo focal Famec, de 16 de maio de 2008)

Interessante a analogia entre as relações das atividades da escola formal, do Programa Escola da Família e das visitas orientadas em museus e espaços expositivos. Na educação formal, o professor tem o tempo letivo completo para conhecer seus alunos e elaborar uma avaliação diagnóstica e atividades mais adequadas (salvo casos de inserção de professores durante o período letivo). No Programa Escola da Família, aos finais de semana os participantes variam pouco (conforme os relatos dos alunos-estagiários), permitindo um acompanhamento parcialmente constante das transformações dos mesmos. No museu e nos espaços culturais é mais comum o mediador cultural deparar com a situação de mediação com um grupo que não conhece. Nesse caso, o acolhimento ao qual a aluna se refere é etapa crucial para que a visita orientada seja bem-sucedida: em poucos minutos as apresentações iniciais são feitas e o mediador utiliza estratégias didáticas pessoais ou sistematizadas coletivamente com outros mediadores para conhecer, sobretudo, o contexto dos visitantes e adequar o diálogo ao longo da visita.

Os estagiários constataram que muitos responsáveis matriculam os filhos na escola regular mas não acompanham o seu desenvolvimento, nem participando de reuniões específicas para esta tarefa. Perceberam, então, que, ao proporem atividades para integrar as famílias no referido programa de educação não formal nas próprias escolas, aproximam efetivamente os pais e responsáveis da vida escolar dos filhos. Esse relato é um valioso indicador para iniciativas que auxiliam na ampliação da participação da comunidade nos equipamentos educacionais de sua região, além de estreitar as relações sociais necessárias para que os processos de ensino e aprendizagem sejam mais profundos e pertinentes.

Essa relação inicialmente contraditória em que a mesma comunidade tem disposições distintas com a "escola de fim de semana" e a escola regular é oportunamente estabelecida na reflexão da aluna mediadora do MAS, ao relacionar e comparar as atividades dos estagiários do Programa Escola da Família com o acolhimento e a visita orientada. Em outras palavras, no acolhimento e na escola de fim de semana a espontaneidade, a participação e a interação constituem-se no reconhecimento integrador do grupo mediado, enquanto as visitas e as aulas regulares são o trabalho sistematizado e prospectivo de fato. A partir das falas dos colegas que estagiam no Programa Escola da Família, fica evidente que o estreitamento de convivências dos participantes-alunos pode melhorar as relações dos alunos com a própria escola regular que frequentam durante a semana.

Outra fala discorrida por um aluno-estagiário do IA-Unesp inter-relaciona suas percepções do que ocorre em suas diferentes experiências de estágio:

A7 IA-Unesp – **Tive experiências no Museu Lasar Segall, onde fiz estágio um ano e meio, e queria relacionar com o que as meninas estavam falando das vivências serem novos caminhos, novos horizontes para universos que não eram compatíveis. No educativo do Lasar Segall, durante um dia da semana é tirado para estudo e todo mundo participa. Um dia só para estudar. Textos, vivências que tiveram com alguma turma, tudo isso, a gente aprende muita coisa, coisas diferentes, modos de pensar diferentes, tratamentos de alunos que eles tiveram... Mas, que nessa conversa, no** balanço geral da semana, sempre era muito bom para todo mundo. (...)

A7 IA-Unesp – Foi enriquecedor. Senti que a sala de aula, acho que não foi nada diferente do que elas estão falando... Muito fechada, não há muitos recursos. Até de conhecimento de prática, você fica... O vocabulário mesmo que a gente utiliza para eles se torna mais difícil.

Mediador – Você acha que estes dois universos são distintos? Lembrando as suas experiências.

A7 IA-Unesp – No caso as minhas aulas? Peguei algumas aulas substitutas de alguns professores e foi um desafio muito grande. (...)

Mediador – Mas é bastante diferente com a experiência do não formal?

A7 IA-Unesp – Sim, a experiência é bem diferente. No não formal tem outra liberdade, o tom de voz é outro, a curiosidade, a forma de abordar é diferente, é mais prazerosa.

(Grupo focal IA-Unesp, de 17 de abril de 2008)

O estágio realizado no Museu Lasar Segall ofereceu-lhe uma importante vivência, o compartilhamento de experiências de mediação, além do estudo coletivo de conceitos, teorias e pesquisas sobre a área de arte/educação, bem como os focos das exposições do museu. Essa dinâmica de diálogo construtivo, para o objetivo educacional comum, é uma das chaves para o trabalho coletivo em ambientes educacionais, seja formal ou não formal. Muitos sistemas educacionais adotam um horário pedagógico durante a semana ou outro período de trabalho docente para avaliarem o andamento das aulas e o que precisa ser ajustado durante este processo. O relato do aluno evidencia, no entanto, que sua experiência na educação formal não apresentava um espaço semelhante, com as mesmas intenções do grupo docente.

As suas falas apresentam também algumas características que parecem dicotomizar a educação formal e a não formal, nos dois grupos focais acompanhados. Ambos os grupos foram taxativos em relação às críticas, em vários graus, da educação formal. Ora havia experiências negativas com os professores, ora com o sistema educacional micro e macro, ora com os recursos encontrados em sala de aula. Também, de maneira geral, o panorama da educação não formal foi evidentemente mais atrativo e significativo: a própria fala do aluno-estagiário A7 IA – Unesp frisa a "outra liberdade", o "tom de voz" empregado e a "forma de abordar" de modo mais prazeroso.

A flutuação sismográfica das experiências relatadas também levantou lembranças significativas e positivas da educação formal, mesmo que em menor volume de ocorrências. Saliento que, paradoxalmente, eram poucas, porém ricas em detalhes e em reflexões.

A2 Famec – (...) **a gente vê a diferença entre o EJA para o Ensino Médio (regular). No EJA, os alunos, eles querem copiar: "Professora, passa isso na lousa...". Eles imploram para passar na lousa, é impressionante.**

A5 Famec – **Mas, eu tive uma experiência no ano passado. Eu estava trabalhando de eventual em uma escola e o professor** saiu de licença, aí eu fui para a atribuição e acabei pegando duas aulas, eram duas salas do Ensino Médio, 2º ano. No segundo dia de aula chegou um aluno novo. Um senhor já de idade: "Do que você dá aula?". Eu falei de Arte. "Pena que não tenho como ir embora, detesto Arte". Falou desse jeito: "Você acha? Eu trabalho o dia todo, fico 15 dias fora de casa", que ele é caminhoneiro, "Sou obrigado a concluir o Ensino Médio no EJA e você me vem com desenho?". Mas, eu falei assim: "Aula de arte não é só desenho". Aí, ele falou: "É sim, até hoje, desde que eu entrei na escola, essa professora chega e: desenho livre; tira uma folha e desenha aí". "E nem vem que não vou fazer desenho, eu sou péssimo em desenho". Aí, eu falei assim: "Hoje a gente vai fazer uma proposta diferente". (...). Levei as obras de Van Gogh e Picasso. Pedi para escolherem um artista para a gente trabalhar, e escolheram o Van Gogh. O que este aluno falou da obra, fiquei... "Você não gosta de Arte?" e ele: "Eu adoro esses artistas, eu não gosto das aulas de Arte". Tentei mostrar para ele o que era aula de Arte. Ele falou: "Então eu tinha uma outra visão...".

Mediador – Mas ele falou coisas legais?

A5 Famec – Falou. Ele conhecia a obra, porque o filho dele tinha um livro, que o filho não deu importância. Ele não falou o nome do livro, mas deve ser de história da Arte. O filho não deu tanta importância e ele, nas obras, gostava de ver as obras. Achava aquilo lindo, então ele lia. Ele gostava daquilo. Só que não tinha a liberdade de falar deste assunto.

Aí ele entrou no EJA, no 1º ano, primeiro semestre, o professor passou batido. No segundo, que era mais relacionado à história da Arte, o professor deu um apanhado, assim, breve. "Vai lá, fala de um assunto, depois passa para o outro, porque não dava tempo", dizem os outros professores que fui conversar. A partir da leitura e da releitura da obra, o que colhi de informação daquele aluno que não gostava de Arte, para mim, foi uma experiência muito boa.

Mediador – E hoje? Como é que está?

A5 Famec – Eu saí, a professora voltou. Eu não voltei mais na aula. Nunca mais eu o vi. (...)

A5 Famec – Eu não o vi mais... (...) Mas eu tenho vontade de vê-lo. E conversar com ele para ver se mudou mesmo, porque no final daquela aula ele me disse... Eu fiquei mais uma aula com eles e aí a professora voltou. Então o que aconteceu? Ele estava mudando a visão dele. Achei tão lindo aquilo: o filho ganhou um livro qualquer e não deu importância, "Eu não tinha nada o que fazer", olha o termo que ele usou, "Eu fui folheá-lo e achei aquelas obras muito interessantes". Só.

(Grupo focal Famec, de 16 de maio de 2008)

Cumprindo seu estágio por meio da ação docente[36], a atuação

---

[36] De acordo com a Resolução CNE/CP nº2/2002, no parágrafo único do artigo 1º: "Os alunos que exerçam atividade docente regular na educação básica poderão ter redução da carga horária do estágio curricular supervisionado até o máximo de 200 (duzentas) horas." (BRASIL. Conselho Nacional de Educação. Resolução CNE/CP nº 2, de 19 de fevereiro de 2002).

da aluna como professora eventual, devidamente registrada na Diretoria de Ensino, possibilitou colher nesse relato: a experiência de transformação tanto do aluno quanto dela mesma, marcada por forte sentimento de realização.

Ao se disponibilizar para compreender o aluno em profundidade, a aluna-docente enfrentou a rejeição de seu aluno, revertendo a convicção dele, marcada por experiências redutoras e desprazerosas. Estas vivências significativas amplificam os sentidos da profissionalidade docente em toda sua complexidade, tanto na edificação dos alicerces didático-pedagógicos quanto dos alicerces valorativos e éticos do ser professor. Ao negar a reclusão em vista do emparedamento alheio, buscaram-se caminhos mais adequados para desmanchar a barreira e conquistar o entendimento do componente curricular de Arte.

Nesses discursos citados e em outros tantos que afloram durante os grupos focais, a íntima relação das modalidades de educação formal e não formal (e também da informal) foram sendo tramadas nas conexões estabelecidas pelos participantes, evidenciando a atualidade dessas questões e a necessidade de refletir e sistematizar em forma de conhecimento os matizes epistemológicos que efetivamente ocorrem nestas vivências. Ao tecerem criticamente suas percepções e reflexões sobre as diferentes experiências formais e não formais, várias portas se abrem para a ampliação do repertório criativo, tão necessário na constituição da profissionalidade docente do futuro licenciado em artes visuais.

3.2.2 O supervisor mediador (ou não mediador) dos estágios nas instituições

Como discorrido no Capítulo II, o estágio configura-se como o lócus por excelência para a construção da identidade docente e de sua correlata profissionalidade. Um dos fatores primordiais para que isso ocorra é a inter-relação do estagiário com o supervisor mediador nesses espaços educativos, ou seja, responsável pelo acompanhamento direto do estagiário na instituição cedente. Na escola é o professor de Arte; no Programa Escola da Família é o coordenador ou o educador profissional; nas ONGs, museus, centros culturais e similares, além dos já citados, podem ser conhecidos como mediador, educador, supervisor e outras nomenclaturas. É aquele que zela pelos afazeres dos estagiários e os orienta dentro dos contextos específicos de cada instituição.

Nem sempre a relação entre o supervisor local e o estagiário é estimulante ou afinada: são perceptíveis os conflitos nos quais se referem à figura do supervisor mediador nas falas durante os grupos focais. Muitas vezes, este supervisor pode se transformar na medida não desejada dos estagiários.

A5 Famec – **Mas o estágio é bom. Você pega uma sala de aula e o professor está dando aquela aula lá... Por exemplo, eu e a I., a gente sempre brinca: "Eu não quero ser aquele professor, daquele jeito." Então o estágio ajuda a gente também. No ano passado (2007) a gente ria muito, eu e a I., pois o professor estava dando aula aqui na frente e a gente: "Eu não quero ser este professor".**

(Grupo focal Famec, de 16 de maio de 2008)

Fica evidente o reconhecimento do estágio formal como contribuinte de sua profissionalização, mesmo que sua reflexão aponte para o oposto do que gostaria que fosse. Esta realidade, infelizmente, ainda é bastante comum no meio educacional formal, gerando ansiedades e angústias nos estagiários.

Um dos primeiros impactos é o susto diante da real condição das escolas e as contradições entre o escrito e o vivido, o dito pelos discursos oficiais e o que realmente acontece. Em relatórios de estágio, a primeira revelação de muitos alunos é sobre o pânico, a desorientação e a impotência no convívio com o espaço escolar. No início das atividades e na chegada à escola (...) são constantes os problemas relacionados com a falta de organização, de recursos materiais, de integração entre escola e estagiário, além de indisciplina, violência, entre outros. (...) O estagiário vai se deparar com muitos professores insatisfeitos, desgastados pela vida que levam, pelo trabalho que desenvolvem e pela perda de direitos historicamente conquistados, além dos problemas do contexto econômico-social que os afeta. Assim, é comum os estagiários serem recebidos na escola com apelações do tipo: "Desista enquanto é tempo!" e "O que você, tão jovem, está fazendo aqui?" (PIMENTA e LIMA, 2009, p. 103 e 104)

O estágio, detonador inicial dessas incertezas, constitui-se, em parte, como própria solução ao trazer à reflexão as contradições levantadas por Pimenta e Lima. Em conjunto com o curso de licenciatura, o estagiário terá condições de analisar as experiências vividas e transformá-las em conhecimento a partir da práxis docente. Portanto, o não desejo de ser como o supervisor na ocasião da fala da aluna-estagiária revela, por oposição, sua concepção de como deveria ser um professor de Arte. Esse supervisor, como não mediador, também faz parte da realidade docente nos dias de hoje (e quiçá sempre existiu). Ao lidar construtivamente com essa situação, a aluna-estagiária pode consolidar aspectos fundamentais de sua profissionalidade docente, além de se preparar para enfrentar essas posturas no futuro. É claro que isso não é suficiente, os alunos-estagiários devem procurar outras experiências que sejam edificantes para serem refletidas em seu processo de formação.

Semelhante às considerações críticas levantadas no início deste capítulo, emergiram várias passagens em que os participantes dos dois grupos focais aprofundaram suas percepções em relação às ações e posturas de seus supervisores.

A1 IA-Unesp – **Difícil de falar o que a gente vê aqui e o que acontece lá fora. Quando fui fazer estágio formal no ano passado era gritante, desesperador...**
Mediador – **Qual...**
A1 IA-Unesp – **Ensino médio à noite. Próximo do meu trabalho no Centro Cultural de Diadema. E lá era assim: uma falta completa de vontade dos professores... Tudo era obrigação dos alunos... Tinha um professor que virou para mim e falou uma vez: "Para quê eu vou ensinar se eles não querem aprender?". O professor tinha isso bem resolvido**

para ele. Eu ficava pensando: "O que estou fazendo aqui?".
E quando a gente vê o estágio, depois, ocorrendo no colégio municipal, o Faria Lima, é uma coisa mais tranquila, mais prazerosa... Você via uma resposta deles. Lógico, fugia, muitas vezes, do controle. Do que às vezes a gente imaginava, mas... Um dia também tinha de inventar algo para fazer e aplicar.

(...) A1 IA-Unesp – (...) porque ficou este início conturbadíssimo e professores desinteressados em tudo. (...) E a gente via os problemas por nós mesmas, discutíamos com ele (professor) em poucos momentos e...

A2 IA-Unesp – Quase nada, né?

A1 IA-Unesp – O professor não falava absolutamente nada...

Mediador – Ele não dava abertura?

A1 IA-Unesp – Ele, assim...

A2 IA-Unesp – Ele dava espaço para a gente e aí a gente fazia o que queria lá no espaço, mas não dava para conversar com ele: "O que você achou?". (...)

A2 IA-Unesp – Ele dava espaço, estava lá presente, ajudava a gente – a classe bagunçava muito, mas não dava palpite. Deixava a gente à vontade. Mas também por outro lado essa liberdade que a gente tinha faltava esse aspecto de dar uma mão. Que a gente nunca tinha tido essa experiência (...) da aula. Mas, ele foi muito legal com a gente. (...)

Mediador – É nessa escola que você falou?

A1 IA-Unesp – É, no Faria Lima. O único momento que ele estava lá para lidar com a coisa realmente era um momento que a sala estava... Ou a gente não soube passar bem a ideia da atividade e isso "estressou" a turma ou era uma atividade mais aberta mesmo, mas permite que a criançada fique elétrica... Então... eu senti falta de um comentário, assim: "Ah, que diferente"...

A2 IA-Unesp – De questionar também...

A1 IA-Unesp – "Que diferente" ao menos... Eles comentaram um pouco, mas era aquilo... Nada grande...

Mediador – Vocês chegaram a perguntar para ele o que ele achava?

A2 IA-Unesp – Não...

A1 IA-Unesp – A gente chegou a pensar em inseri-lo nas atividades.

A2 IA-Unesp – É. Ele até participou com a gente, mas...

A1 IA-Unesp – É, daquele jeito, sabe? Ele chegava e ia fazendo, às vezes no meio...

Mediador – Será que ele achava que não era para interferir?

A2 IA-Unesp – Talvez. A gente não teve a ideia, não sei.

A1 IA-Unesp – É, não sei se ele tinha as ideias dele de não... Pode ser. A gente também não tinha muito papo extra. O ideal seria ter um papo extra...

(Grupo focal IA-Unesp, de 17 de abril de 2008)

As diferenças de amplitudes tomadas pela relação entre as estagiárias e os professores-supervisores apresentam ainda a marca deste como não mediador. A aluna-estagiária A1 IA-Unesp evidencia essa percepção ao aproximar, em seu relato, a experiência no ensino médio na escola regular com o exemplo crítico levantado na citação de Pimenta e Lima (2009). A aluna A2 IA-Unesp também realizou estágio na Escola Municipal Faria Lima, que havia acordo firmado com o IA-Unesp para estágios formais de seus alunos. Nessa escola, os estagiários tinham a liberdade de desenvolver atividades que haviam programado junto com o coordenador de estágios do IA-Unesp, porém não havia retorno espontâneo do professor-supervisor, mesmo nos momentos de dificuldade com o andamento das atividades. A reação inicial das estagiárias foi de indignação pela falta de apoio do professor da sala, porém, talvez não houvesse clareza de ambas as partes sobre qual o papel de cada um na realização daquele trabalho. Como avaliado no fim desse trecho, provavelmente a falta de diálogo potencializou essa situação, evidenciando o distanciamento entre as estagiárias e o professor, o que não deveria acontecer.

Como os estagiários estavam, em geral, imersos nas discussões conceituais contemporâneas, estimulados pelos docentes dos cursos superiores e pelos diálogos com os próprios colegas, houve um tensionamento em relação ao que eles esperam da realidade escolar de muitas instituições de educação formal. Esse distanciamento entre o teórico, o ideal ou os diagnósticos genéricos da sala de aula em relação às situações reais vivenciadas pelos estagiários devem ser analisados, cuidadosamente, em favor da compreensão dialética da práxis docente, em um movimento de transformação contínuo da reflexão-ação-reflexão (SCHÖN, 2000 e PIMENTA E LIMA, 2009). Ao se formarem como licenciados em artes visuais, muitos destes ex-alunos-estagiários vão integrar o corpo docente de alguma instituição de educação e, de repente, veem-se sem aquele grupo de interlocutores que mantinham afiadas as reflexões sobre educação e arte/educação. Ainda mais com a densa rotina dos afazeres docentes que demandam muito do tempo disponível do dia do professor, afastando-o paulatinamente desta prática de reflexão com a ação, desenvolvida nas graduações. Essa compreensão se torna, portanto, imprescindível para os futuros educadores. No grupo do IA-Unesp, em um dos momentos, uma participante expõe a surpresa de estagiar com uma professora formada anos antes, na mesma instituição em que está cursando sua graduação.

A4 IA-Unesp – **Queria comentar a minha experiência no estágio formal, que tem esta vivência ao mesmo tempo do estágio não formal no MAC [Museu de Arte Contemporânea da USP], riquíssimo. Eu fiz estágio numa escola pública de periferia em São Bernardo (do Campo), já é uma região mais afastada da capital cultural, em que a cultura deles é bem mais deficiente.**

Por coincidência, a professora com quem estagiei...

A1 IA-Unesp – **De observação?**

A4 IA-Unesp – **É, de observação. Ela foi formada aqui no IA, há alguns anos.**

Mediador – Na época do IA em São Bernardo?

A4 IA-Unesp – Não, não. Ela é nova. A gente entrou em 2005, não? Acho que ela se formou em 2003, alguma coisa assim. Eu fiquei abismada, pois ela tinha ideias muito diferentes das minhas. Até fiquei me questionando se ela tinha sido... Ela é super nova, não tem muito tempo que ela dá aulas. Então ela tinha sido absorvida por essas ideias da escola pública, de comodismo mesmo, não sei... Mas tudo que a gente discute aqui, tudo que eu vivenciava no MAC, era como se ela negasse aquilo. E do mesmo lugar onde estou me formando... Não é possível...

A1 IA-Unesp – Tinha brigas? Por exemplo: dela cansada de brigar, se rendendo a esta situação ou simplesmente não, ela estava muito sossegada?

A4 IA-Unesp – Muito sossegada.

A1 IA-Unesp – Ou de ser autoritária, enfim, fazendo tudo ao contrário do que a gente vê aqui?

A4 IA-Unesp – Muito sossegada e ela é super nova, se bobear ela tem a minha idade... E tem até um exemplo que já usei em aulas que sempre comento que ela estava querendo classificar o que era Arte e tal, mostrar o que podia: um quadro, escultura... Aí, ela decidiu ajudar os alunos a recortarem nas revistas esses quadros. Uma criança recortou um desenho digital e eu falei: "Tudo bem." Mas, quando ela foi mostrar para professora: "Não, isto aqui está errado, isto aqui não é Arte!". Eu fiquei... Eu tinha falado para o

aluno que sim! E ela, que é a autoridade máxima da sala, falou: "Não!". Bom, tudo bem, cada um tem seu conteúdo pessoal. Mas, achei que era restrito o que ela fazia, fiquei bem desapontada...
A1 IA-Unesp – **O engraçado é ela estar resolvida nisso...**
A4 IA-Unesp – **É. E ela é formada aqui...**
(Grupo focal IA-Unesp, de 17 de abril de 2008)

Essa constatação desconstrói a certeza de que apenas o curso formador garante a qualidade do professor em sala de aula. Na formação há uma parcela de corresponsabilidade do próprio licenciando também. Pode ser desafiador, porém, é importante procurar reolhar constantemente as próprias concepções. Posso dizer que vivi essa situação após minha graduação em 1998. Apesar de trabalhar esparsamente na área, como professor ou mediador em exposições (do modo mais reduzido de preparação para a mediação), foi a partir de 2001 que consegui direcionar, com mais convicção, minha carreira de educador, ao cursar uma especialização em arte/educação na ECA/USP.[37] Estar junto novamente com colegas de área fez-me perceber a falta que faz discutir diariamente sobre os caminhos e descaminhos da arte/educação. Esse curso e seu grupo interlocutor foram meus mediadores, pois ao longo dessa nova formação passei a integrar uma equipe de arte/educadores para constituir a ação educativa do Centro Cultural do Banco do

---

[37] Curso de especialização em Arte, Educação e Cultura oferecido na época pelo Núcleo de Apoio à Cultura e Extensão em Promoção da Arte na Educação (NACE/NUPAE) da Escola de Comunicação e Artes da Universidade de São Paulo (ECA/USP).

Brasil de São Paulo (CCBB/SP) e atuar como professor assistente de ateliê na Faculdade Paulista de Arte em São Paulo, focando melhor meus objetivos profissionais, ou seja, a profissionalidade docente ainda em formação.

Os espaços culturais que possuem núcleos de ação educativa por vezes promovem encontros, palestras, cursos e afins que podem contribuir efetivamente para a manutenção conceitual e atitudinal dos professores de Arte, minimizando a falta de interlocutores da área com a constância de um curso de graduação. Esse contexto foi devidamente focado na pesquisa de Erick Orloski (2005), o qual acompanhou as transformações das práticas e atitudes de cinco professores de Arte que participavam constantemente de projetos de encontros de educadores oferecidos pelo CCBB/SP. Durante os estágios não formais, o contato com essas iniciativas puderam instrumentalizar o futuro arte/educador sobre onde encontrar iniciativas deste tipo.

>A3 IA-Unesp – **Então a gente percebe que o educador, seja de que matéria ele for, ele tem que ter consciência do que ele está falando, e não só passar a informação. (...) Porque a gente entendeu, está tentando entender...**
>
>A5 IA-Unesp – **É justamente por causa da formação que a gente também deve ter tido na escola, o tipo de aula, que a gente vem para a faculdade com isso na cabeça: "Eu não quero fazer licenciatura, eu não quero dar aula, mas é um último caso de ganho financeiro estável"...**

A4 IA-Unesp – **Mas, é porque isso acontece ainda... A gente está aqui e reproduz isso, sabe?** Não sei por que ela (a professora citada anteriormente) foi absorvida por esse sistema, mas...

Mediador – É verdade. Enquanto a gente está aqui conversando e concorda com essas ideias é uma coisa, outra coisa é quando passa num concurso e tem de ir todo dia para a mesma sala dos professores...

A4 IA-Unesp – **É difícil. Os alunos também já estão há algum tempo...**

Mediador – Passa um ano, dois anos, três anos, não sei...

A4 IA-Unesp – **É, com o tempo... Tem de partir dele, de buscar isso, né? No MAC mesmo oferece tanto programa, para professor, específico para professor...**

Mediador – Onde?

A4 IA-Unesp – **Lá no Ibirapuera. A educadora lá no sábado... Ela tem muitos projetos para professores especificamente, não é para alunos de arte, nada disso. E os professores... Aparecem meia dúzia de gatos-pingados. Até transformar esta consciência...**

A3 IA-Unesp – **Ele tem que entender que... Ter o entendimento de buscar... Não é só passar, jogar uma formulinha e "resolvam"... Parece que é até isso!**

(Grupo focal IA-Unesp, de 17 de abril de 2008)

Além de constatar a importância desses projetos voltados especificamente para os professores, como este do Museu de Arte

Contemporânea da USP (MAC) no Parque do Ibirapuera em São Paulo, o grupo acompanhado também detecta o baixo número de participantes, atribuindo a falta de iniciativa dos professores de Arte em buscar tais propostas. É claro que outros fatores também podem contribuir para a baixa procura, como a própria divulgação nos canais adequados para conhecimento dos professores, pois programas semelhantes de outras instituições, como do CCBB/ SP (ORLOSKI, 2005), foram bem frequentados e geraram mudanças significativas nas práticas de alguns dos professores participantes.

No entanto, não se pode descartar a necessidade dos cursos de graduação, se possível, na própria vivência de estágio ou em outras iniciativas da formação, incentivando os licenciandos a participar desses fóruns onde se desenvolvem debates sobre os assuntos.

Nos espaços de educação não formal, segundo as falas coletadas nos grupos focais, ressalta-se a interlocução entre os arte/educadores, inclusive os estagiários, perfazendo a construção, a constatação e a aproximação de questões que são apresentadas na teoria nos cursos de graduação. Apesar de não se constituírem como os supervisores que se responsabilizam administrativamente e conceitualmente com o desenvolvimento da equipe, os próprios colegas assumem este zelo pelas melhorias do trabalho.

A6 Famec – **No Museu de Arte Sacra ainda não tem esse atendimento especial, mas a gente pensa como fazer isso. Tanto que chegou na semana passada uma educadora nova pegou, como é a Arte Sacra, uma imagem de santo. "Nem que a gente compre uma na rua e tire um molde para as crianças** tatearem, sentirem...". O deficiente visual vai sentir a imagem. Por exemplo, a C. está fazendo um curso de Libras para poder atender os surdos-mudos e ontem aconteceu uma coisa que achei linda, porque a gente já teve uma experiência péssima. A gente foi atender um grupo, eu e mais duas amigas, e o grupo estava todo assim, disperso. E a gente ficou mal, porque não ficou nada na cabeça deles. A gente ficou assim: "Que arte/educador incompetente." Mas, depois de ver outra amiga nossa, a D., fazendo a mediação com um grupo de estudantes que parecia 8ª série ou Ensino Médio já e havia um garoto especial no grupo. Coordenação motora baixa, ele era um pouco devagar, mas, quando ele falava alguma coisa, a D. fazia questão de ouvir o que ele falava: "Olha, ele falou isso, tá vendo gente, é isso mesmo...". Ela realçava o que ele falava, enfatizava o que via. Dava para perceber que ele ficava feliz e o grupo parece que ficava mais unido também.

(Grupo focal Famec, de 16 de maio de 2008)

A questão de atendimento educativo adequado às pessoas com algum tipo de limitação está em desenvolvimento, inclusive gerando muitos questionamentos e incertezas em relação ao que é posto em prática atualmente, tanto nos espaços de educação formal quanto não formal. Nas colocações de A6 Famec, que trabalha em um museu, é perceptível a preocupação em atender bem e com qualidade os grupos visitantes com essas características, e que o compartilhamento de estratégias, ideias e experiências entre os mediadores é crucial para o desenvolvimento do trabalho e, no nível pessoal, do seu repertório docente. O apoio mútuo entre os mediadores, às vezes, é o que, de fato, amplia as proposições básicas da ação educativa oferecida.

A3 IA-Unesp – (...) Veio um acordo para trabalhar no educativo do MAC, Museu de Arte Contemporânea. Não entendia o que é arte contemporânea, não gostava...
Mediador – **Do Ibirapuera?**
A3 IA-Unesp – **Do Ibirapuera. Eu e a D. fomos lá e a gente teve contato com a educadora de lá. Eu fiquei um ano fotografando ela com as crianças, dando material de apoio e lavando pincel. Mas as coisas que eu vi dela falando de arte contemporânea, assim, que tinham pregadores, tinham plásticos e só, e era uma fantasia: eles (as crianças) viam casas, os pregadores era o quintal. Ali na parede a parte rica e a parte pobre do varal, os bairros, a laje e ali a parte rica, as pessoas e tal... Era uma piração. Daí eu comecei a gostar de arte contemporânea. (...)**
A4 IA-Unesp – **Só gostaria de ressaltar que no MAC nossa experiência foi muito boa. A minha ainda é, pois saí de lá há pouco tempo, mas as ideias da pessoa que nos conduziu eram as mesmas ideias que discutíamos aqui. Então tinha total coerência: a gente discutia aqui (na faculdade) e lá era a aplicação destas ideias. Como isso funcionava...**
Mediador – **Havia um esforço lá de tentar trazer estas discussões de nível teórico...**
A4 IA-Unesp – **E que é difícil infelizmente. E isso era im-**

portante: o que a gente estudava era o que a gente vivenciava lá. Às vezes a gente discutia o mesmo texto ou o mesmo autor, a gente comentava... Era importante.

(Grupo focal IA-Unesp, de 17 de abril de 2008)

Essa "pessoa que conduziu" as alunas-estagiárias na fala de A4 IA-Unesp, como supervisora, efetivamente assumiu seu papel de orientadora de estágio, provocando uma transformação nas concepções delas. Ao perceberem a consonância entre os debates do museu com os assuntos desenvolvidos no curso de graduação, e estes ocorrerem justamente em um espaço de aplicação, as alunas-estagiárias aproximaram-se mais da práxis necessária para sua formação docente. Ao proporcionar tais experiências, o museu reitera sua função como lugar de formação. Acompanhando outros mediadores, houve até uma mudança de entendimento do que seja arte contemporânea, evidenciada pelo primeiro – não gostava – e no segundo bloco – comecei a gostar – na fala da A3 IA-Unesp, ou seja, a ação educativa da mediadora irradiou para além dos grupos visitantes atendidos, incidindo na estagiária que lá estava para auxiliá-la. Esse é um dos verdadeiros intuitos do funcionamento dos estágios supervisionados.

Nos grupos focais acompanhados houve também a flutuação dos discursos em relação à qualidade de mediação dos supervisores ou colegas de estágio/trabalho: tanto a percepção crítica da não medida, com exemplos opostos ao que se deseja como educador, até ótimas vivências com trocas significativas nos estágios. Isso evidencia a responsabilidade dos cursos de graduação, pela mediação que deve proporcionar como meio de apreensão e reflexão das experiências constituídas nos estágios em busca da profissionalidade docente almejada pelos futuros professores.

3.2.3 O estágio como captura dos modos de ser educador

Ao longo da conversa captada nos dois grupos focais, muitos sentidos foram oferecidos pelos interlocutores ao descreverem suas experiências na educação e nos estágios, sejam eles formais ou não formais. Um desses sentidos apresentados foi o de "ser educador", e que merece destaque nesta seção.

A profissionalidade docente agrega tanto as competências conceituais quanto as características éticas e valorativas que cada professor deve desenvolver durante toda sua trajetória profissional. Em outras palavras, começa na graduação e tecnicamente não termina nunca, sempre haverá algo a ser implementado, resolvido, revisto e realinhado.

> A formação passa sempre pela mobilização de vários tipos de saberes: saberes de uma prática reflexiva, saberes de uma teoria especializada, saberes de uma militância pedagógica, o que coloca os elementos para produzir a profissão docente, dotando-a de saberes específicos que não são únicos, no sentido que não compõem um corpo acabado de conhecimentos, pois os problemas da prática profissional docente não são meramente instrumentais, mas comportam situações problemáticas que

requerem decisões num terreno de grande complexidade, incerteza, singularidade e de conflito de valores. Consequentemente, trata-se de pensar a formação do professor como um projeto único, englobando a inicial e a contínua. (PIMENTA e LIMA, 2009, p.68, grifo do autor) Ser educador é mais do que simplesmente ter a licença para lecionar. É compartilhar com outros homens (FREIRE, 2005); ser generoso tanto na observação do outro quanto na compreensão da opinião alheia. As conversas dos grupos focais foram temperadas por essa generosidade e compreensões, configurando-se, indiretamente, como um modo a mais de mediação e desenvolvimento ontológico e epistemológico. Durante a interlocução entre os participantes era nítida a vontade de repartir suas experiências e seus pensamentos, reorganizando suas concepções sobre educação, arte/educação e estágios, deslocando-os sobre o que é ser educador.

A própria busca já citada pela definição das modalidades formal, não formal e informal de educação pelo grupo do IA-Unesp reitera esta contribuição coletiva para a constituição da profissionalidade docente. Alguns relatos apontam para a importância das atitudes tomadas pelos professores supervisores nas instituições de educação formal.

A3 Famec – **No colegial, eu tive uma professora que trabalhava com a Proposta Triangular. Ela tinha uma proposta totalmente voltada para o construtivismo. Então, eu tive a oportunidade de aprender realmente. Tanto é que eu comecei a fazer faculdade e eu fui fazer estágio com ela. Ela**

ampliou, abriu outras visões que eu, enquanto aluna dela, nunca tinha reparado. E vejo isso no trabalho dela ainda hoje, ela participa de congresso, está sempre se atualizando. E os alunos gostam muito dela. (...)
Mediador – Isso no ensino formal?
A3 Famec – Isso, no formal. Fiz estágio no ensino formal e não formal. Agora, estou falando do formal. E os alunos, assim, antes dela pegar essas aulas, não sabiam nada, ela começou do zero. Quando ela saiu, eles sentiram muito, porque ela se transferiu para outra escola. Mesmo com as dificuldades... era muito trabalho. Ela falou que não adianta só dar aula e o aluno não faz nada, tem que aproveitar mais. Teve um pai de aluno que foi ameaçá-la, que ela passava trabalhos e que ia à Diretoria de Ensino. Ela falou que mesmo com estas dificuldades ela não ia parar de dar aula na escola pública. Por que, se os bons professores saírem do ensino público, o que serão dos alunos? Isso me marcou muito e reflete o que a gente fala aqui e o que ela fazia lá também. (...) A professora que eu me espelho muito, igual como alguns aqui da faculdade.
(Grupo focal Famec, de 16 de maio de 2008)

A identificação da aluna A3 Famec com sua antiga professora e posterior supervisora no estágio, segundo seu próprio relato, "ampliou e abriu outras visões" para além de quando era estudante da educação básica. Ela não entrou em detalhes das práticas dessa professora, mas lembrou que usava a Proposta Triangular, evidenciando uma preocupação didática com o componente curricular, que, de acordo com o relato, era construtivista. Mesmo acuada, a professora citada não cedeu (apesar de ter se transferido por circunstâncias não especificadas), o que foi percebido com admiração pela aluna. Essa fala coloca à luz o impacto que as ações tomadas pelos professores, tanto positivas quanto negativas (como o relato anterior de não tomar o professor como exemplo), exercem sobre a construção da identidade docente no licenciando, inclusive os professores formadores dos cursos de graduação. Em outro trecho do grupo, A6 Famec recobra outras reflexões desta natureza:

> A6 Famec – **Sim, só agora neste ano que a professora D. (da graduação) está mais preocupada com isso (processos de mediação), que ela direciona, que ela fala na aula como o grupo deve desenvolver seu trabalho no museu. Antes, não tinha isso. Tanto que quando ela começou, eu já estava no museu dando a "cara à tapa". Foi difícil mesmo, eu ficava em cima dos outros arte/educadores: "O que eu faço? O que é arte/educação em museu? O que estou fazendo é arte/educação?". Eu ficava em cima deles o tempo todo, porque foi muito difícil mesmo. Eu me senti super mal quando cheguei lá.**
> **"Não pode tocar na peça".** Quando eu falava, os alunos seguiam uma guia de turismo: "Essa peça foi feita no século tal, tal, tal". Isso não é ser arte/ educador e eu ficava revoltada com isso.

Mediador – E o que é ser arte/educador?

A6 Famec – Arte/educador de museu, penso que seja um trabalho de mediação. Ficar entre a pessoa e a obra de arte. Eu faço com que ela observe aquela obra. Ela vai olhar e tal: "ah, tá bom, é uma obra...", por exemplo, a Nossa Senhora. Mas não existem várias Nossas Senhoras? Então o que identifica esta como Nossa Senhora da Conceição? "Ah, essa está com a mão assim, tem um negócio nos pés dela..." Então você não reparou que tem isso diferente daquela outra? Vai fazendo ele mesmo observar aquilo. Acho que isso seja já uma etapa da arte/educação em museu, mas é algo que preciso desenvolver mais, que ainda não está muito claro na minha cabeça, eu acredito.

Mediador – Este tipo de postura não deveria existir no professor, no arte/educador do ensino formal?

A2 Famec – Ah, deveria. Até para questões de... Saber o que falar, despertar a curiosidade do aluno. Acho que o museu desperta a curiosidade das pessoas. Pela maneira, da frente da obra com o aluno. Acredito que é a mesma coisa de um professor na frente de uma obra de arte, na sala de aula, uma réplica. (...) (...)

A6 Famec – Já sabe de cor já. Na faculdade senti falta. Devia ter um estágio nos espaços de museus, centros culturais, senti muito mesmo.

(Grupo focal Famec, de 16 de maio de 2008)

Nesse caso, o relato da aluna que trabalha como mediadora cultural no MAS revela a necessidade de descobrir como trabalhar neste espaço e com essa proposta educativa, de modo praticamente autônomo. Mesmo com o apoio de outros mediadores no local, assumir um grupo é desafiador, agravado pela falta de um repertório teórico para referenciar as ações. Apesar de esse assunto ser desenvolvido na graduação, mesmo que de maneira defasada como a experiência profissional da aluna A6 Famec, a cobrança pela oportunidade de vivenciar essas experiências no estágio permitiria, em sua opinião, minimizar tais dificuldades. A despeito das possibilidades reais de todos os alunos não conseguirem realizar estágios dessa categoria, sua simples inclusão poderia abrir um leque maior de opções, acarretando que discussões sobre essas práticas surgissem durante as aulas de Prática de Ensino. Algumas reflexões advindas dessa experiência são acrescentadas pela mesma aluna, em outro momento da conversa, quando uma colega usa o termo "monitor":

A6 Famec – (...) **Tem uma coisa que... Reafirmando, não, afirmando de verdade: não vamos falar "monitores" e sim "mediadores", pois dá a impressão que estou "monitorando". Saindo ali naquele corredor: "Não toca, não toca!".**

(Grupo focal Famec, de 16 de maio de 2008)

O aviso está carregado de concepções que são construídas mais apropriadamente quando se está imerso em um ambiente que procura discutir tais ideias, tanto na teoria quanto na prática (práxis). No Capítulo I, são apresentados alguns posicionamentos sobre a mediação cultural, como campo de atuação do arte/educador na sociedade contemporânea, que tecem relações com as ideias que a aluna A6 Famec já incorporou com propriedade, inclusive alertando os outros colegas. "Os homens se educam entre si, mediatizados pelo mundo" como afirma Paulo Freire (2005, p. 78).

A importância dos conceitos de mediação também foi apreciada pelo grupo do IA – Unesp. Mais do que procurarem semantizar o termo, discutiram como as novas concepções de mediação estão impingindo em suas reflexões sobre a própria vida como arte/educadoras:

A3 IA-Unesp – (...) **Mas, é engraçado pensar, pelo menos para mim, que foi no Educativo de um museu, sem receber nada, pedindo "pelo amor de Deus para vir trabalhar aqui", que deu vontade de ser artista, deu vontade de ir para o educativo, continuar porque é legal, que deu gosto por arte contemporânea – pelo menos para mim eu entendi, eu consegui ver (...), conversar com os artistas, ter contato... Comecei a querer produzir arte contemporânea, a querer falar de arte contemporânea para os meus futuros alunos. Porque não é legal só verem Tarsila (do Amaral), ou qualquer coisa. Então, abriu essa parte do Educativo, por essa coisa de conscientização daquilo que você está falando...**

A1 IA-Unesp – **...aquilo que você estava falando lá no corredor: "Nossa, agora com a licenciatura tenho mais vontade de fazer Bacharelado, mais vontade de produzir (obras) e tal". (...). Eu também comecei a correr muito mais atrás de coisas... De ler ou de pegar meus trabalhos antigos e dar** uma olhada e pelo menos investigar, até no ano passado, de me interessar pelos trabalhos.

A3 IA-Unesp – Porque para você fica entalado aquilo, fica...

A4 IA-Unesp – A gente vê aquilo, a gente vive isso... É a sua realidade. É sua realidade como artista, como educador, como cidadão, a cultura, na sociedade, isso é uma coisa diária até. Ou você não vai entender o que você vive.

A3 IA-Unesp – Por isso que eu acho que foi fundamental toda esta experiência em mediação, porque além de entender o que estou falando, eu entendi o quanto ela é importante e o quanto foi importante para mim. Porque foi neste processo de ver mediações da educadora, explicar e falar, que eu pensei: "Uau! Que demais, eu quero entrar! Tô dentro, olha só que coisa!". Entendeu? Foi importante a mediação para mim, que estava fazendo a faculdade: entendi o que era e deu vontade de continuar no setor educativo, mas também de ter uma produção... Abraçar o mundo, mas... Deu vontade, eu entendi o que são as duas coisas, a importância delas, do mediar e do fazer...

A1 IA-Unesp – Não sei para vocês, mas quando a gente estava conversando sobre vivências e tal, sobre os educadores, me deu uma paz de espírito absoluta... Porque eu estava precisando de um outro trabalho, olhando para o ano inteiro do que a gente leu: como vou abarcar tudo isso? Eu não me sentia preparada para abarcar um conhecimento maior e como eu vou transmitir... A gente começou a discutir: você entende minha carência, sou carente em tais e tais pontos e... começou a dar vontade de correr atrás de tais e tais pontos. Por exemplo, eu tenho uma enorme carência de conhecimentos contemporâneos, tanto que na semana que vem já vou fazer aquele negócio no Itaú,[38] palestras e tal. E eu estou tranquila de que se eu conseguir deslanchar a minha produção, pois já deu este ânimo de saber mais para ensinar melhor, mas também dentro das carências e também dos seus interesses, do ponto de vista que é o seu. Que não limita que você continue estudando, mas não deixa de aparecer no que você está transmitindo. Eu comecei a procurar outros estágios. Ainda mais que a gente vai ter que apresentar aqui (na aula de Prática de Ensino), eu já vejo que as pessoas vão chegar e não sei o que dizer. Mas eu tenho uma noção de, pelo menos, não do que me compõe, mas o que me falta.

A3 IA-Unesp – ...como é importante essa mediação. Como é importante esse trabalho que me atingiu e quantas pessoas eu também posso atingir? Mais importância no estágio, mais importância para o educador e, indiretamente também, fez eu querer saber mais de mim, produzir, assim...

(Grupo focal IA-Unesp, de 17 de abril de 2008)

Nesse trecho do diálogo entre os participantes do grupo do IA-Unesp, nota-se muitas ideias, densos pensamentos e entrecru-

---

[38] SÃO PAULO, Caderno do professor: Arte, ensino fundamental, 7ª série, 2º bimestre; p. 27

zamentos de concepções em um curto espaço de conversa. Muitos sentidos da mediação e do ser educador estão concentrados nessas falas. As disciplinas da graduação junto das vivências nos estágios – mais especificamente, nesse caso, os não formais – possibilitaram que os alunos compartilhassem suas percepções da realidade, assim como os conhecimentos sistematizados que fundamentam tais conceitos, tramando as relações entre estas instâncias de forma reflexiva e crítica. "(...) foi fundamental toda essa experiência em mediação, porque, além de entender o que estou falando, eu entendi o quanto ela é importante e o quanto foi importante para mim", afirmou A3 IA-Unesp, sublinhando o destaque de que a compreensão do que é mediação e de suas formas foi determinante para sua própria formação, elementos consideráveis para a constituição do educador.

Nos espaços culturais, em seus setores educativos, o contato com as obras, com os artistas e com os outros mediadores, amparados por pesquisas e fontes de estudo, os estagiários tiveram a oportunidade de ampliar seus pressupostos sobre a Arte, em especial a arte contemporânea, que, pelas características contraditórias, multiformes, complexas e autorreferenciais, são desafiadoras mesmo que façam parte do currículo formativo. Não somente a arte contemporânea, mas toda a produção artística e estética do homem é mais significativa se o seu estudo teórico estiver alinhado com um contato real ou mais próximo possível dessa produção (UTUARI, 2004).

Ao educador, professor, arte/educador e a todos que trabalham com mediação é esperado que percebam suas próprias limitações para que prossigam construindo continuamente seu repertório.

Essa atitude é necessária para a concepção de professor pesquisador (PIMENTA E LIMA, 2009), investigador de sua própria prática, ciente da práxis em que está imerso, porém curioso pelo seu desenvolvimento. Ao admitir sua incompletude: "Mas eu tenho uma noção de, pelo menos, não do que me compõe, mas o que me falta", A1 IA-Unesp abre-se ao aprendizado e à busca de conhecimento. Apesar de o contexto do diálogo apontar para a questão específica da arte contemporânea, essa fala pode ser apreendida em um âmbito maior, mais eloquente de autoavaliação, como parte fundadora do professor pesquisador de sua própria prática.

3.2.4 A paixão em ser educador

Esta foi a categoria aparentemente mais fácil e, paradoxalmente, a mais difícil de perceber, porém acredito que seja importante apresentá-la, principalmente pelas significativas passagens em que os participantes dos grupos focais externaram os motivos de quererem ser educadores. Ao ouvir o diálogo dos dois grupos, muito além de descreverem as experiências com os estágios não formais, percebe-se que os participantes – todos licenciandos em artes visuais – ofereceram muito mais do que se esperava.

A inspiração para ser educador pode ser direta e pragmática: pensa-se em vocação ou em uma habilidade inata, ou até mesmo em dom. Talvez, porém, ela possa ser adquirida, construída, desbastada pedaço por pedaço, refinada, sofrida e, finalmente, conquistada. Enquanto a primeira opção pode esbarrar em um determinismo (se tem ou não se tem), a segunda possui um caráter de luta, de conquista, de esforço intencional. Pode ser que as duas proposições, em verdade, se completem: é preciso ter uma inclinação para ser educador, mas se faz também necessária a busca pelo desenvolvimento da mesma. De qualquer forma, esta segunda característica é imprescindível para a formação de um mediador de qualidade.

> A6 Famec – **Acho que o mais fácil de ver primeiro é a dificuldade. Que no primeiro ano eu entrei assim: "Que romântico, vou ser professora". Aí, no segundo ano, eu fiz estágio e pensei: "Ah, não quero mais ser professora, não". (...)**
> A6 Famec – **Aí nesse ano (terceiro) é que está começando a cair a ficha, sabe?** "**Ah não, é todo um processo, é uma construção, leva tempo, você tem que ter vontade mesmo, porque senão você vai ser mais um daqueles que já estão dentro da escola** – **a gente não vai conseguir inovar. Mas, no início ainda estava meio que voando, acho que a gente começa na faculdade, por mais que os professores estão falando: "Não, vai passar, isso, isso e aquilo". Não, sei lá, não vai ser assim... Depois que começa a cair a ficha.**
> (Grupo focal Famec, de 16 de maio de 2008)

Esse "cair a ficha" se constitui em como a profissionalidade docente está em processo de construção pela licencianda. A6 Famec resume os altos e baixos que os alunos de licenciatura geralmente enfrentam durante o curso: o ingresso, o enfrentamento da realidade com os estágios e a compreensão do desafio em ser um professor de fato. Esse é o compromisso assumido ao persistir em todas as etapas da vida acadêmica: do vislumbre à consciência plena do ser educador – o "cair a ficha".

A3 IA-Unesp – **Essa coisa de estágio, de experiência, porque você tem de fazer isso, o que você tem que fazer e tal. No meu caso, eu queria fazer licenciatura e também queria fazer o bacharelado (em artes visuais). Achava que a oportunidade de ter os dois era ótima. (...) Mas entender essa coisa de educativo, a palavra composta "arte/educador", "arte/educação" foi aqui. A licenciatura em artes é educação artística, ser professor de educação artística. Os dois primeiros anos foi bacharelado: mais leitura de texto, aulas práticas, mas acho que a grande vantagem, o grande momento que senti que estou entendendo, estou pegando paixão pela coisa, aqui na faculdade, foi no terceiro (ano) com as aulas de licenciatura. Mesmo não tendo uma projeção, vou dar aula em tal lugar, porque a gente comentou: quando você tem que falar sobre algo, seja o que for, você precisa ter muita consciência do que está falando para você passar. E para mim, pelo menos, foram nas aulas de licenciatura que a gente teve mais conversas sobre uma conscientização artística. Não na definição do que é Arte, mas uma conscientização, discutir as coisas, ver as coisas, porque teria que entender isso para depois mediar e passar para outras pessoas. Mais até do que nas aulas de bacharelado, que a gente fica na téc-**

nica, qual a sua poética, o que você vai fazer, que tipo de trabalho... A gente que está fazendo os dois está até mais folgado... Está muito mais interessado nas aulas, não só de licenciatura como de bacharelado, mais do que aqueles que estão fazendo somente bacharelado. Talvez porque tem mais conversa, discussão nas aulas. (...)

A5 IA-Unesp – Estava pensando naquilo que você (A1 IA--UNESP) comentou, de querer ser melhor para poder ensinar melhor... Quando estava fazendo estágio na escola, no Faria Lima, eu peguei uma turma que a gente tinha vários problemas com alunos, mas problemas que já vinham bem de antes, da formação deles e justamente com professoras que chegavam e falavam: "Não pode fazer isso, não pode fazer aquilo, isso está errado, isto não pode fazer...". Então as crianças já tinham isso muito na cabeça delas. Então a gente às vezes tentava dar uma atividade simples e já elas nem começavam a fazer, porque elas já sabiam que não conseguiriam fazer, que iam fazer errado, então elas nem tentavam. Eu falava: "Que forte que é uma coisa como a professora sei lá de que ano que falou para essa criança para ela travar pelo resto da vida"... (...) Daí a gente começa a ver essa influência tão forte e essa importância tão grande que tem em cima do educador e aí comecei também a me apaixonar por ser educador. Também entrei aqui na faculdade... Nem estava pensando em ser... Era mais... Um diploma a mais para caso não consiga sobreviver como bacharel, vamos dar aula em algum lugar...

(Grupo focal IA-Unesp, de 17 de abril de 2008)

Nesses trechos recolhidos do grupo do IA-Unesp, nota-se que, além da conquista passional da licenciatura com os graduandos, expõe-se a opção inicial que seria a de ser bacharel em artes visuais. No caso do IA-Unesp, a turma acompanhada tinha a opção de cursar as duas graduações, concomitantemente ou não. Aqueles que faziam as duas modalidades, ou a licenciatura primeiro, perceberam uma transformação significativa nas concepções, não somente do curso, mas um acréscimo de criticismo geral em torno das questões que os rodeavam. Notaram um aprofundamento reflexivo em relação àqueles que cursavam apenas o bacharelado, revelando o aproveitamento qualitativo das discussões na licenciatura.

Ao se entregarem à docência, transformando o que era uma segunda opção na escolha principal e percebendo o desenvolvimento epistemológico e ontológico, os licenciandos e participantes dos dois grupos colocam-se de forma a externarem também sua passionalidade em relação a esta escolha. O educador espanhol Jorge Larrosa (2004), em seu ensaio Experiência e paixão, apresenta o quadro desconcertante de quem se entrega a esta transformação, necessária a todo mediador:

> Se a experiência é algo que nos acontece e se o sujeito da experiência é um território de passagem, então a experiência é uma paixão. Não se pode captar a experiência valendo-se de uma lógica da ação, valendo-se de uma reflexão do sujeito em si mesmo como sujeito agente, valendo-se de uma teoria das

condições de possibilidade da ação, mas com uma base numa lógica da paixão, de uma reflexão do sujeito sobre si mesmo como sujeito passional. (LARROSA, 2004, p. 163-164) Jorge Larrosa apresenta três possibilidades semânticas para se referir à paixão. Segundo o autor, existe uma paixão como sofrimento ou padecimento: a assunção de uma paixão que demanda um suportar, um martírio, solitário e anônimo. O segundo sentido refere-se a "uma certa heteronomia, ou uma certa responsabilidade em relação com o outro que, no entanto, não é incompatível com a liberdade ou autonomia" (LARROSA, 2004, p. 164), ou seja, uma liberdade dependente. Por fim, a paixão pode assumir a experiência do amor, radicalmente, em que o sujeito passional é um cativo do alheio, um alienado.

A tensão dicotômica entre a liberdade e a escravidão está intimamente ligada à paixão, portanto o desejo do sujeito passional é viver cativo pelo motivo de sua paixão. Ao admitirem sua paixão pela educação, pela arte/educação, os participantes estabeleceram seu contrato com as mesmas, assumindo suas responsabilidades e desafios, porém colhendo todos os seus frutos.

Considerações finais

O grito da Independência, de Pedro Américo. *O primeiro quadro que vi com meus próprios olhos. Enorme! Aquele era o quadro que cabia em meu livro de Estudos Sociais?! Guilherme Nakashato* [39]

Esse desenho foi originalmente realizado em 1997, em meu 3º ano do curso de licenciatura em artes plásticas do Instituto de Artes da Unesp (São Paulo) para as aulas de Didática do Ensino de Arte com a professora doutora Mirian Celeste Martins. Foi-nos proposto que, por meio de textos escritos ou de outras formas de expressão, buscássemos nossas recordações do primeiro encontro com as artes. Lembro-me de que ainda não compreendia a importância epistemológica das experiências estéticas como ele-

---

[39] SÃO PAULO; Caderno do professor: Arte, ensino fundamental, 7ª série, 2º bimestre; p. 27.

mentos desencadeadores de conhecimento. De fato, apenas após ter concluído o curso e ter entrado na vida profissional de arte/educador, foi possível consolidar essa noção. Nas aulas nas quais se discutiam as experiências de cada um, não me recordo se chegamos a perceber se algum colega indicou a escola formal como local do primeiro contato com as artes, mas vários citaram algum museu, livro ou revista que proporcionou este contato.

Minha primeira visita ao Museu Paulista da Universidade de São Paulo, conhecido como Museu do Ipiranga, era uma das lembranças mais fortes que tinha. Fiquei estarrecido e, ao mesmo tempo, encantado com todo o museu, especialmente com o quadro "Independência ou morte" (1888) ou "O grito do Ipiranga" de Pedro Américo. Meus pais me levaram ao museu com o intuito de um passeio instrutivo, porém hoje percebo que o impacto dessa visita foi muito além dessa intenção inicial. Meus irmãos menores já estavam cansados de ver tanta coisa e saíram ao jardim com minha mãe. Eu permaneci com meu pai e, ao entrarmos no salão que continha a pintura, meus olhos não acreditavam no que viam. Fiquei extático. Como podia aquele quadro ser o mesmo que via em meus livros de Estudos Sociais?

Em 1997, esse desenho concentrava uma de minhas memórias afetivas mais significativas de contato com a Arte. Hoje, em 2009, retomo o mesmo trabalho. Percebo que o tempo passou e que as experiências que me formaram para o que sou/estou, fizeram com que eu reconsiderasse a significância do desenho. Além das reflexões originais de 12 anos atrás, não posso deixar de registrar que este encontro foi concretizado em um espaço cultural e que a mediação de meus pais foi determinante para a efusão dessa experiência. Foi a educação informal realizada em um lócus de educação não formal. Não é coincidência; essas experiências determinaram minha opção pelo campo de conhecimento que abracei e continuam sublinhando essa escolha. O desenho que outrora brindou o despertar da minha inclinação para a arte/educação durante a graduação hoje é retomado para celebrar a importância de experiências semelhantes na formação de outras pessoas.

O papel dos museus e espaços afins, como centros de desenvolvimento educacional, deve ser reconhecido. A Proposta Triangular para o ensino da Arte, fruto desse contexto, é considerada como uma das abordagens mais relevantes para a educação artística, estética e cultural na atualidade, reconhecida nacional e internacionalmente. A própria concepção de ensino da Arte, como componente curricular da educação básica, foi resultado de um movimento que germinou em uma escola de educação não formal, a Escolinha de Arte do Brasil. A história desse desenvolvimento não pode passar ao largo nas formações iniciais dos futuros professores de Arte, assim como as vivências que a educação não formal continuam proporcionando, como mais uma forma de percepção e conhecimento da Arte e da cultura. A possibilidade de estágios dessa natureza deveria ser garantida e ampliada, conforme os contextos, aos cursos de formação de arte/educadores.

As experiências, tanto de estágio quanto de vida docente, relatadas nos grupos focais, indicaram a relevância que a educação não formal em museus, ONGs ou na própria escola pública tem para a construção da identidade e da profissionalidade docente do arte/educador. Em seus depoimentos e diálogos, os participantes revelaram seus entendimentos da educação formal e da não formal, como valorizam cada uma dessas modalidades, apresentaram seus olhares àqueles que são seus preceptores como mediadores ou não, atentaram para vários sentidos de ser educador e revelaram suas angústias e paixões com a vida docente. Reflexões que podem potencializar a práxis desenvolvida nos cursos de graduação, buscando uma concepção mais dilatada do raio de ação do arte/educador que atua, não somente em escolas, mas em todos os projetos de educação não formal que demandem um profissional do ensino de Arte de qualidade.

A6 IA-Unesp – **Foram muitos assuntos e todo mundo começou falando sobre as experiências de estágio e a gente chegou ao que isso reflete no agora e como vai refletir, sei lá, no futuro, nas nossas futuras vidas como professores, enfim. É interessante como o estágio formal ou não formal pode acrescentar muito e contribuir no que está se discutindo aqui na universidade como também pode ser uma coisa totalmente diferente, sabe? Como pode ser uma referência em que essa mediação e toda essa conversa que a gente constrói aqui não é feita. Então, às vezes você se vê em uma situação dessas onde não há um educativo consistente ou uma intenção interessante de construir, um discurso, de construir um núcleo mesmo para pensar sobre estas práti-**

cas dentro de uma exposição. Aí você se vê numa situação dessas, meio sem o que fazer, tendo que pensar sozinho, tendo que tentar... Você tentando. E tudo que é discutido, e compartilhando experiências, você nesta situação acaba tentando fazer esta parcela do educativo da maneira possível, não?

(Grupo focal IA-Unesp, de 17 de abril de 2008)

A riqueza de reflexões que está contida neste depoimento deixa clara a ampliação de horizontes que o compartilhamento entre as modalidades de educação proporcionam na elaboração de sua profissionalidade docente: a práxis entre os conceitos acadêmicos e a realidade educacional; a percepção teleológica da vida docente (ainda que em construção, é/será uma construção constante); o conceito de mediação; a ação educativa em exposições e a perseverança em "saber mais para ensinar melhor"[40].

A diferença entre os contextos de formação dos alunos participantes dos grupos focais, explicitados no Capítulo III, pode ser notada em relação às possibilidades de aproveitamento dos estágios na educação não formal. Os alunos do IA-Unesp, pela permissão de realizarem estágios em projetos de ação educativa de exposições, nos centros culturais ou museus, além de ONGs ou projetos afins, abriram um leque de discussão mais abrangente do que o grupo da Famec, cujas possibilidades de estágio não formais ficam restritas ao Programa Escola da Família. Apesar de esse

---

[40] Cf. depoimento da aluna A1 IA-Unesp, p. 99 (Grupo focal IA-Unesp, de 17 de abril de 2008).

programa ter proporcionado vivências catalisadoras e reflexivas, a falta de uma estrutura formativa de qualidade, em especial para o ensino de Arte, bem como de supervisores especializados, acabam por limitar o aproveitamento potencial do aluno-estagiário e, por conseguinte, estreitando o pensar da arte/educação na modalidade não formal. Várias falas dos alunos do IA-Unesp apontam para a sincronia entre os debates nos projetos educativos dos espaços de cultura e os conceitos desenvolvidos durante a graduação, com destaque para as discussões sobre mediação e arte/educação contemporânea, propiciando condições mais concretas para (re) elaborações epistemológicas do ensino da Arte.

As universidades, em especial as públicas, não podem deixar de assumir seu papel na transformação da educação de nosso país. Por meio de garantias constitucionais, como a autonomia universitária, as instituições universitárias que possuem cursos de licenciatura em artes visuais precisam organizar, implementar e sistematizar o compartilhamento do estágio na educação formal com a não formal, abrindo brechas e possibilidades para que os ISE isolados ou pertencentes a estruturas formadoras de porte não universitário tenham tais exemplos para pleitear possíveis mudanças em seus regimentos. Como as leis, pareceres e resoluções dos órgãos competentes regem apenas sobre a educação formal, é difícil (ou improvável) que tais disposições abarquem, futuramente, a educação não formal. Portanto, apenas a autonomia universitária, que talvez possa ser estendida a outras ISE, configura-se hoje como a solução efetiva para esta contradição.

Experiências não formais de qualidade tornam-se, pois, referências únicas na formação inicial e contínua do professor de Arte, tanto na compreensão de conceitos didático-pedagógicos da área (e que estão em constante mutação), quanto no fortalecimento de estratégias e decisões em relação à escola formal. Além de arejar a prática de sala de aula, ao deslocar e mobilizar o professor de Arte em novas situações epistemológicas, a educação não formal pode contribuir para preparar o futuro docente para os desafios das relações interpessoais que, por vezes, minam os trabalhos na educação formal. Os processos dialogais implementados nos projetos de educação não formal conduzem a um pensamento que se desenvolve na escuta e compreensão do outro, consolidando um sujeito menos permissivo à falta de diálogo ou à intransigência. Saberes estes, que integrados aos saberes sistematizados pela ciência da Educação, são imprescindíveis para a formação do professor pesquisador, autor de suas próprias propostas e que acredita na ação-reflexão-ação.

Referências Bibliográficas

ALENCAR, Valéria Peixoto. *O mediador cultural*: considerações sobre a formação e profissionalização de educadores de museus e de exposições de arte. São Paulo: Instituto de Artes da Universidade Estadual Paulista, 2008. (dissertação de mestrado).

ALVES, Rubem. *A escola com que sempre sonhei sem imaginar que pudesse existir*. 10. ed. Campinas: Papirus, 2007.

ANDRÉ, Marli Eliza Dalmazo Afonso de. *Etnografia da prática escolar*. Campinas: Papirus, 1995.

AZEVEDO, Fernando Antônio Gonçalves. Movimento Escolinhas de Arte: em cena memórias de Noêmia Varela e Ana Mae Barbosa. In: BARBOSA, Ana Mae (Org.). *Ensino da arte*: memória e história. São Paulo: Perspectiva, 2008.

BARBOSA, Ana Mae (Org.). *História da arte-educação*: a experiência de Brasília. São Paulo: Max Limonad, 1986.

_____. *A imagem no ensino da arte*. 4. ed. São Paulo: Perspectiva, 1991.

_____. *Tópicos Utópicos*. Belo Horizonte: C/Arte, 1998.

_____ (Org.). *Inquietações e mudanças no ensino da arte*. São Paulo: Cortez, 2002a.

_____. *John Dewey e o ensino da arte no Brasil*. 5. ed. rev. São Paulo: Cortez, 2002b.

_____ (Org.). *Arte/educação contemporânea*: consonâncias internacionais. São Paulo: Cortez, 2005a.

_____. Introdução. In: OLIVEIRA, Maria Oliveira de e HERNÁNDEZ, Fernando (Orgs.). *A formação do professor e o ensino das artes visuais*. Santa Maria: UFSM, 2005b.

_____. *Arte-educação no Brasil*. 5. ed. São Paulo: Perspectiva, 2006.

_____. (Org.). *Ensino da arte*: memória e história. São Paulo: Perspectiva, 2008.

BARBOSA, Ana Mae; COUTINHO, Rejane Galvão. *Arte/educação como mediação cultural e social*. São Paulo: Editora Unesp, 2009.

BARBOSA, Ana Mae; COUTINHO, Rejane Galvão e SALES, Heloisa Margarido. *Artes visuais*: da exposição à sala de aula. São Paulo: Editora da Universidade de São Paulo, 2005.

BARROS, Manoel de. *O retrato do artista quando coisa*. 4. ed. Rio de Janeiro: Record, 2004.

BIKLEN, Sari; BOGDAN, Robert. *Investigação qualitativa em educação*. Porto: Porto Editora, 1994.

BOTTOMORE, Tom. (Ed.). *Dicionário do pensamento marxista*. Rio de Janeiro: Jorge Zahar, 2001.

BRASIL. Instituto Nacional de Estudos e Pesquisas Educacionais. Escolinha de Arte do Brasil. Brasília: MEC, 1980.

_____. Secretaria de Educação Fundamental. *Parâmetros curriculares nacionais* (5ª a 8ª série): arte. Brasília : MEC/SEF, 1998.

CARVALHO, Gislene Teresinha R. D.; ROCHA, Vera Helena Rosa. *Formação de professores e estágios supervisionados*: relatos e reflexões. São Paulo: Andross, 2004.

CARVALHO, Gislene Teresinha R. D.; UTUARI, Solange. (Orgs.). *Formação de professores e estágios supervisionados*: relatos, reflexões e percursos. São Paulo: Andross, 2006.

CARVALHO, Lívia Marques. *O ensino de artes em ONGs*. São Paulo: Cortez, 2008.

CHAIM Jr., Cyro Irany. *Cultura corporal juvenil da periferia paulistana*: subsídios para a construção de um currículo de Educação Física. São Paulo: Faculdade de Educação da Universidade de São Paulo, 2007. (dissertação de mestrado).

CONTRERAS, José. *Autonomia de professores*. São Paulo: Cortez, 2002.

COSTA, Fabíola Cirimbelli Búrgio. *Escolinha de Arte de Florianópolis*: 25 anos de atividade arte-educativa. Florianópolis: FCC, 1990.

COSTA, Marisa Vorraber. A pesquisa-ação na sala de aula e o processo de significação. In: SILVA, Luiz h. (Org.). *A escola cidadã no contexto da globalização*. Petrópolis: Vozes, 2001.

ECO, Umberto. *Como se faz uma tese*. 20. ed. São Paulo: Perspectiva, 2006.

FAZENDA, Ivani. O papel do estágio nos cursos de formação de professores. In: PICONEZ, Stela C. Bhertolo. (Coord.). *Prática de ensino e estágio supervisionado*. 15. ed. Campinas: 2008.

FRANGE, Lucimar Bello P. Arte e seu ensino, uma questão ou várias questões? In: BARBOSA, Ana Mae. (Org.). *Inquietações e mudanças no ensino da arte*. São Paulo: Cortez, 2002.

FREIRE, Paulo. *Pedagogia do oprimido*. 47. ed. São Paulo: Paz e Terra, 2005.

_____. *Pedagogia da autonomia*: saberes necessários à prática educativa. São Paulo: Paz e Terra, 1996.

GATTI, Bernadete Angelina. *Grupo focal na pesquisa em Ciências Sociais e humanas*. Brasília: Liber Livro, 2005.

GHANEM, Elie. Educação formal e não formal: do sistema escolar ao sistema educacional. In: ARANTES, Valéria Amorim (Org.). *Educação formal e não formal*: pontos e contrapontos. São Paulo: Summus, 2008.

GHEDIN, Evandro; ALMEIDA, Maria I., LEITE, Yoshie Ussami F. *Formação de professores*: caminhos e descaminhos da prática. Brasília: Líber Livro, 2008.

GIROUX, Henry A. *Os professores como intelectuais*. Porto Alegre: Artes Médicas, 1997.

GOHN, Maria da Glória. *Educação não formal e cultura política*: impactos sobre o associativismo do terceiro setor. 4. ed. São Paulo: Cortez, 2008.

GRINSPUM, Denise. *Educação para o patrimônio*: museu de arte e escola – responsabilidade compartilhada na formação de públicos. (Tese de doutorado.) São Paulo: Faculdade de Educação da Universidade de São Paulo, 2000.

GUINSBURG, Jacó; BARBOSA, Ana Mae (Orgs.). *O pós-modernismo*. São Paulo: Perspectiva, 2005.

HUSSERL, Edmund. *Ideias para uma fenomenologia pura e para uma filosofia fenomenológica*: introdução geral à fenomenologia pura. São Paulo: Ideias & Letras, 2006.

JAPIASSÚ, Hilton; MARCONDES, Danilo. *Dicionário básico de filosofia*. 4. ed. atual. Rio de Janeiro: Jorge Zahar, 2006.

JERPHAGNON, Lucien. *História das grandes filosofias*. São Paulo: Martins Fontes, 1992.

LAMPERT, Jociele. O estágio supervisionado: andarilhando no caminho das artes visuais. In: OLIVEIRA, Marilda Oliveira de e HERNÁNDEZ, Fernando (Orgs.). *A formação do professor e o ensino das artes visuais*. Santa Maria: UFSM, 2005.

LARROSA, Jorge. *Linguagem e educação nos tempos de Babel*. Belo horizonte: Autêntica, 2004.

_____. *Pedagogia profana*: danças, piruetas e mascaradas. 4. ed., 3. imp. Belo Horizonte: Autêntica, 2006.

LIBÂNEO, José Carlos. *Pedagogia e pedagogos, para quê?* 5. ed. São Paulo: Cortez, 2002.

_____. *Adeus professor, adeus professora?*: novas exigências educacionais e profissão docente. 11. ed. São Paulo: Cortez, 2009.

LINHARES, Mônica Tereza Mansur. *Autonomia universitária no direito educacional brasileiro*. São Paulo: Segmento, 2005.

LÜDKE, Menga; ANDRÉ, Marli. *Pesquisa em educação*: abordagem qualitativa. São Paulo: EPU, 1986.

LYOTARD, Jean-François. *A fenomenologia*. São Paulo: Difusão Europeia do Livro, 1967.

MAGALHÃES, Ana Del Tabor V. Ensino de arte: perspectivas com base na prática de ensino. In: BARBOSA, Ana Mae (Org.). *Inquietações e mudanças no ensino da arte*. São Paulo: Cortez, 2002.

MARTINS, Mirian Celeste (Org.). *Mediação*: provocações estéticas. São Paulo: Pós-graduação Instituto de Artes da Unesp, 2005.

_____ (Org.). *Mediando [con]tatos com arte e cultura*. São Paulo: Pós-graduação do Instituto de Artes da Unesp, 2007.

MARTINS, Mirian Celeste F. D.; PICOSQUE, Gisa; GUERRA, M. Terezinha Telles. *Didática do ensino de arte*: Poetizar, fruir e conhecer arte. São Paulo: FTD, 1998.

MERLEAU-PONTY, Maurice. *O olho e o espírito*. São Paulo: Cosac Naify, 2004.

MONTEIRO, Ana Maria. A prática de ensino e a produção de saberes na escola. In: CANDAU (Org.). *Didática, currículo e saberes escolares*. Rio de Janeiro: DP&A, 2002.

MORIN, Edgar. *Os sete saberes necessários à educação do futuro*. 2. ed. São Paulo: Cortez; Brasília: UNESCO, 2000.

MOURA, Lídice Romano de. *Arte e educação*: uma experiência de formação de educadores mediadores. São Paulo: Instituto de Artes da Universidade Estadual Paulista, 2007. (dissertação de mestrado).

NOVAES, Adauto et al. *O olhar*. 4ª reimpressão. São Paulo: Companhia das Letras, 1993.

OLIVEIRA, Marilda Oliveira de. A formação do professor e o ensino das artes visuais: o estágio curricular com campo de conhecimento. In: OLIVEIRA, Marilda Oliveira de; HERNÁNDEZ, Fernando (Orgs.). *A formação do professor e o ensino das artes visuais*. Santa Maria: UFSM, 2005.

ORLOSKI, Erick. *Diálogos e reflexões com educadores*: a instituição cultural como potencialidade na formação docente. (Dissertação de mestrado). São Paulo: Instituto de Artes da Universidade Estadual Paulista, 2005.

OTT, Robert William. Ensinando crítica nos museus. In: BARBOSA, Ana Mae (Org.). *Arte-educação*: leitura no subsolo. São Paulo: Cortez, 2001.

PESSI, Maria Cristina Alves dos Santos. *Questionando a livre-expressão*: história da arte na Escolinha de Arte de Florianópolis. Florianópolis: FCC, 1990.

PICONEZ, Stela C. Bhertolo (Coord.). *Prática de ensino e estágio supervisionado*. 15. ed. Campinas: 2008.

PILLAR, Analice Dutra (Org.). *O pensar e o fazer na formação docente*: coletânea de práticas educativas. São Paulo: Cortez, 2002.

PIMENTA, Selma Garrido. *O estágio na formação de professores*: unidade teoria e prática? 5. ed. São Paulo: Cortez, 2001.

PIMENTA, Selma Garrido; GHEDIN, Evandro. *Professor reflexivo no Brasil*: gênese e crítica de um conceito. 2. ed. São Paulo: Cortez, 2002.

PIMENTA, Selma Garrido; LIMA, Maria Socorro Lucena. *Estágio e docência*. 4. ed. São Paulo: Cortez, 2009.

QUINTANA, Mário. *Quintana de bolso*: rua dos cataventos e outros poemas. Porto Alegre: L&PM, 1997.

RANIERI, Nina. *Autonomia universitária*: as universidades públicas e a Constituição Federal de 1988. São Paulo: Edusp, 1994.

RIZZI, Maria Christina de S. L. *Olho vivo*: arte-educação na exposição Labirinto da Moda Uma Aventura Infantil. (Tese de doutorado). São Paulo: Escola de Comunicação e Artes da Universidade de São Paulo, 1999.

_____. Reflexões sobre a abordagem triangular do ensino da arte. In: BARBOSA, Ana Mae (Org.). *Ensino da arte*: memória e história. São Paulo: Perspectiva, 2008.

RODRIGUES, Augusto. Uma experiência criadora na educação brasileira. *Revista brasileira de estudos pedagógicos*, Rio de Janeiro, v. 59, n. 130, p. 213-362, abr./jun. 1973.

ROSA, Maria Cristina. *A formação de professores de arte*: diversidade e complexidade pedagógica. Florianópolis: Insular, 2005.

SALANKIS, Jean-Michel. *Husserl*. São Paulo: Estação Liberdade, 2006.

SÃO PAULO (Estado). Secretaria de Educação. *Caderno do professor*: arte, ensino fundamental, 7ª série, $2^{\underline{o}}$ bimestre. São Paulo: Secretaria de Educação, 2008.

SEVERINO, Antônio Joaquim. *Metodologia do trabalho científico*. 23. ed. São Paulo: Cortez, 2007.

SCHÖN, Donald. *Educando o profissional reflexivo*: um novo design para o ensino e a aprendizagem. Porto Alegre: Artmed, 2000.

THISTLEWOOD, David. Estudos críticos: o museu de arte contemporânea e a relevância social. In: BARBOSA, Ana Mae (Org.). *Arte-educação*: leitura no subsolo. São Paulo: Cortez, 2001.

TRILLA, Jaume. A educação não formal. In: ARANTES, Valéria Amorim (Org.). *Educação formal e não formal*: pontos e contrapontos. São Paulo: Summus, 2008.

UTUARI, Solange dos Santos. *O papel do museu na experiência estética e na formação do professor de arte*. São Paulo: Instituto de

Artes da Universidade Estadual Paulista, 2004 (Dissertação de mestrado).
VARELA, Noêmia de Araújo. A formação do arte-educador no Brasil. In: BARBOSA, Ana Mae (Org.). *História da arte-educação*: a experiência de Brasília. São Paulo: Max Limonad, 1986.
_____. 20 anos da escolinha de arte: uma experiência viva em educação. *Revista Visão*, Rio de Janeiro, n. 32, p. 49-58, 7 jun. 1968 (mimeo).
VASCONCELLOS, Sônia Tramujas. *A experiência do estágio*: análise do papel do estágio curricular no processo de formação do professor de artes visuais. (Dissertação de mestrado.) Curitiba: Universidade Federal do Paraná, 2007.

Fontes eletrônicas

ESCOLA DA PONTE, Portugal (s.d.). Sítio da Escola da Ponte. Disponível em: <http://www.eb1-ponte-n1.rcts.pt/html2/ portug/historia/presente.htm>. Acesso em: 10 jul. 2009.
INSTITUTO DE ARTES DA UNESP/SP campus de São Paulo (s.d.). Proposta de reestruturação curricular – artes visuais. Disponível em: <http://www. ia.unesp.br/blav/2PROPOSTA--Artes%20Visuais-ultima%20versao.pdf>. Acesso em: 03 fev. 2009.
SÃO PAULO (Estado). SECRETARIA DE EDUCAÇÃO (s.d.). Sítio da Rede do Saber. Disponível em: <http://www.re-

dedosaber. sp.gov.br/contents/SIGS-CURSO/sigscFront/default. aspx?SITE_ID= 25&SECAO_ID=447>. Acesso em: 25 set. 2008.
SÃO PAULO (Estado). SECRETARIA DE EDUCAÇÃO (s.d.). Sítio do Programa Escola da Família. Disponível em: <http://escoladafamilia.fde.sp.gov.br/v2/Sub pages/sobre.html>. Acesso em: 16 jul. 2009.
TANAKA, Oswaldo Y. e MELO, Cristina (2001). Como operacionalizar um grupo focal. Sítio da Biblioteca Virtual da Saúde. Disponível em: <http://www.adolec.br/bvs/adolec/P/textocompleto/adolescente/capitulo/cap09.htm>. Acesso em: 01 nov. 2008.

Referências legislativas e atos normativos

BRASIL. Constituição da República Federativa do Brasil (1988). Promulgada em 05 de outubro de 1988 e suas emendas. Disponível em: http://www.planalto.gov.br/ccivil_03/constituicao/constitui%C3%A7ao.htm. Acesso em: 15 mar. 2009.
BRASIL. Lei Federal nº 4.024, de 20 de dezembro de 1961. Fixa as diretrizes e bases da educação nacional. Diário Oficial [da] República Federativa do Brasil, Brasília, DF, 27 dez. 1961, p. 11429.
BRASIL. Lei Federal nº 5.540, de 28 de novembro de 1968. Fixa normas de organização e funcionamento do ensino superior e sua articulação com a escola média, e dá outras providências. Diário Oficial [da] República Federativa do Brasil, Brasília, DF, 28 nov. 1968, p. 10369.

BRASIL. Lei Federal nº 9.394, de 20 de dezembro de 1996. Estabelece as diretrizes e bases da educação nacional. Diário Oficial [da] República Federativa do Brasil, Brasília, DF, 23 dez. 1996, seção 1, p. 27833-27841.
BRASIL. Lei Federal nº 11.788, de 25 de setembro de 2008. Dispõe sobre estágios de estudantes. Diário Oficial [da] República Federativa do Brasil, Brasília, DF, 26 set. 2008, seção 1, p. 3.
BRASIL. Decreto-Lei nº 464, de 11 de fevereiro de 1969. Estabelece normas complementares à Lei nº 5.540, de 28 de novembro de 1968, e dá outras providências. Diário Oficial [da] República Federativa do Brasil, Brasília, DF, 11 fev. 1969, p. 1409.
BRASIL. Decreto nº 5.773, de 09 de maio de 2006. Dispõe sobre o exercício das funções de regulação, supervisão e avaliação de instituições de educação superior e cursos superiores de graduação e sequenciais no sistema federal de ensino. Diário Oficial [da] República Federativa do Brasil, Brasília, DF, 10 de maio de 2006, seção 1, p. 6.
BRASIL. Ministério da Educação. Portaria nº 1.306 de 02 de setembro de 1999. Aprova as alterações do Regimento Interno do Conselho Nacional de Educação. Diário Oficial [da] República Federativa do Brasil, Brasília, DF, 03 set. 1999, seção 1-e, p. 12.
BRASIL. Conselho Nacional de Educação. Resolução CNE/CP nº 1, de 30 de setembro de 1999. Dispõe sobre os Institutos Superiores de Educação. Diário Oficial [da] República Federativa do Brasil, Brasília, DF, 07 de out. 1999, seção 1, p. 50.

BRASIL. Conselho Nacional de Educação. Resolução CNE/CP nº 1, de 19 de fevereiro de 2002. Institui diretrizes curriculares nacionais para a formação de professores da educação básica, em nível superior, curso de licenciatura, de graduação plena. Diário Oficial [da] República Federativa do Brasil, Brasília, DF, 09 abril 2002, seção 1, p. 31.*
BRASIL. Conselho Nacional de Educação. Resolução CNE/CP nº 2, de 18 de fevereiro de 2002. Institui a duração e a carga horária dos cursos de licenciatura, de graduação plena, de formação de professores da educação básica em nível superior. Diário Oficial [da] República Federativa do Brasil, Brasília, DF, 04 mar. 2002, seção 1, p. 9.
BRASIL. Conselho Nacional de Educação. Parecer CNE/CP nº 99, de 06 de julho de 1999. Revisão do Regimento Interno do Conselho Nacional de Educação. Disponível em: <http://portal.mec.gov.br/index.php?option=com_docman&task=doc_download&gid=347&Itemid=>. Acesso em: 20 fev. 2009.
BRASIL. Conselho Nacional de Educação. Parecer CNE/CP nº 9, de 08 de maio de 2001. Diretrizes curriculares nacionais para a formação de professores da educação básica, em nível superior, curso de licenciatura, de graduação plena. Diário Oficial [da] República Federativa do Brasil, Brasília, DF, 18 jan. 2002, seção 1, p. 31*.
BRASIL. Conselho Nacional de Educação. Parecer CNE/CP nº 27, de 02 de outubro de 2001. Dá nova redação ao item 3.6, alínea c, do Parecer CNE/CP nº 9/2001, que dispõe sobre as Diretrizes

Curriculares Nacionais para a Formação de Professores da Educação Básica, em nível superior, curso de licenciatura, de graduação plena. Diário Oficial [da] República Federativa do Brasil, Brasília, DF, 18 jan. 2002, seção 1, p. 29.

BRASIL. Conselho Nacional de Educação. Parecer CNE/CP nº 28, de 02 de outubro de 2001. Dá nova redação ao Parecer CNE/CP nº 21/2001, que estabelece a duração e a carga horária dos cursos de Formação de Professores da Educação Básica, em nível superior, curso de licenciatura, de graduação plena. Diário Oficial [da] República Federativa do Brasil, Brasília, DF, 18 jan. 2002, seção 1, p. 31.

BRASIL. Conselho Nacional de Educação. Parecer CNE/CP nº 5, de 04 de abril de 2006. Aprecia indicação CNE/CP nº 2/2002 sobre diretrizes curriculares nacionais para cursos de formação de professores para a educação básica. Disponível em: <http://portal.mec.gov.br/cne/arquivos/pdf/pcp005_06.pdf>. Acesso em: 20 fev. 2008.

---

* Republicada por incorreção do original no Diário Oficial da República Federativa do Brasil de 4 de março de 2002, seção 1, p. 8.

Apêndices

Apêndice A

Transcrição do grupo focal IA-UNESP/SP
Grupo: oito alunos do 4º ano de licenciatura em artes visuais
Data: 17/04/08
Mediador: Guilherme Nakashato

Mediador – Vou adotar a sugestão que Rejane colocou na última aula, do Chalmers, que antes de falar pelo outro, falar do outro, talvez a melhor estratégia é falar de si mesmo. Então gostaria de comentar um pouco da época que fiz a minha graduação, há dez anos. Eu tive algumas experiências no estágio que foram determinantes para o meu pensamento profissional e para o que sou hoje. Para começar, realmente eu não pensava em ser arte/educador, no sentido de ser professor de arte. Eu pensava em ser, sei lá, ilustrador ou até almejando ser artista visual. Não pensava em ser arte/educador pura e simplesmente. Só que dentro do processo da faculdade a gente vai transformando, repensando vários conceitos e depois acabei vivendo que além de arte/educador, eu formo educador. O processo reflexivo para mim sempre foi determinante. E aí comecei a perceber o quê? Que enquanto de algumas experiências que eu fui construindo ao longo da minha formação, e aí entra a questão das aulas, a questão dos convívios com meus amigos, meus colegas, acabaram trazendo uma nova maneira de ver a própria formação que eu tive, que era muito determinista no início, depois foi ampliando.

Porque pensava assim comigo: vou dar aula em uma escola. Achava que tinha só duas oportunidades: vou dar aula em escola particular ou em escola pública. Quando começou Prática de Ensino nas aulas, comecei a ficar aflito, pois tinha uma colega, que já era professora – ela já tinha Pedagogia e estava fazendo o curso de artes, porque começou a ter vaga. Ela falava de uma maneira tão agressiva da escola pública e me lembro das aulas do Palma em que eles ficavam discutindo esta questão e eu ficava cada vez menos entusiasmado. Quando começou a ter de fazer estágio eu não queria fazer. Resolvi pensar na escola particular. Estudei em uma escola particular, pensei: vou tentar na escola onde estudei. E aí começou a vir um monte de coisas significativas das aulas que vinha assistindo. Fui perceber que a escola onde estudei era tradicional; tradicionalíssima em São Caetano (do Sul) no ABC. Ela tem um peso de uma educação tradicional, tanto a ponto de que lembro que em Artes eu fazia costura, aquela coisa de "trabalhos domésticos", porque a professora tinha isso. Também pregava botão e nas aulas de arte a gente aprendia a pregar botão. Tinha de comprar retalhos de pano. Sei fazer barra de calça até hoje [risos]. Isso começou a voltar, pois a mesma professora da minha época continuava lá dando as mesmas aulas: era desenho geométrico, desenho pedagógico e os trabalhos mais manuais. E continuava quase a mesma coisa, isso em 1997, no final do milênio. Comecei a pensar sobre isso. Não gostei desta experiência e resolvi fazer estágio em uma instituição que tem em São Caetano chamada Fundação das Artes, conhecem?

[Alguns afirmam que sim]

M – A Fundação das Artes é mais ou menos parecida com o que aqui em São Paulo é a EMIA, Escola Municipal de Iniciação Artística. Ela também está vinculada à prefeitura, mas é pago e tem iniciação artística em várias modalidades: em artes visuais, em teatro – inclusive o curso de teatro é bem conhecido, pois antigamente não tinha cursos de teatro, e em música também. Só que era uma prática que não era de escola. E lá aprendi bastante em termos de trato com as crianças, em questão de técnica – pois os professores trabalhavam com pintura, aquarela, trabalhavam com escultura, em argila, os processos de desenho. Comecei a aprender tanto nestas técnicas mas em questão do relacionamento com os alunos, no trato com as diversidades. E por fim, de várias experiências, outra experiência significativa que eu tive foi quando trabalhei no Sesc (Serviço Social do Comércio – SP) como estagiário do Vila Mariana, que tinha acabado de ser inaugurado e o Sesc tem isso: inaugura e o dinheiro, boa parte, vai para a unidade que inaugurou para causar um impacto no local. Lembro que peguei... Era estagiário da parte de eventos e peguei várias oficinas. Ao mesmo tempo comecei a pegar produções de outros eventos e tive a oportunidade de acompanhar e participar de eventos fantásticos, como a exposição do Peter Greenaway, teve uma exposição de música do pessoal do MIT (Instituto de Tecnologia de Massachusetts – EUA)...

A1 – Lá agora não tem mais nada...

M – É agora não é... E peguei um evento que para mim foi determinante e que se chamou "A Compreensão e o Prazer da Arte". Foi um evento que aconteceu em 1998 e foi coordenado pela Ana Mae (Barbosa) e outros especialistas em arte/educação. Foi um evento que trouxe especialistas do mundo todo para fazerem palestras aqui, inclusive de alguns que a gente estava conversando [na aula anterior], da Freedman, Arthur Efland, Mary Stokrocki, veio Jacqueline Chanda, ou seja, Ana Mae aproveitou a estrutura do Sesc e conseguiu trazer especialistas do mundo todo. Robert Ott[i]... Veio pessoal do mundo inteiro. E isso, para mim, foi muito importante em termos de formação, uma vez que estava fazendo estágio em uma coisa que não era bem de arte/ educação, trabalhava muito com produção de eventos e estas coisas, e acabou "calhando", tendo este evento muito forte e pude participar de todas as palestras. Um pouco desta experiência de como é essa coisa de ser arte/educador e me inserir tanto pela faculdade mas, ao mesmo tempo, das experiências que acabei tendo fora da faculdade. Começou a me alimentar a tal ponto que realmente mudei muito. Parei de desenhar – o que foi um viés negativo – para me dedicar nessa outra parte, à pesquisa... Então é isso. Gostaria de saber de vocês... as experiências que vocês vêm acumulando, se existe alguma relação do que vocês aprendem aqui dentro na faculdade e as experiências que vocês têm lá fora... Como articulam isso?

i Na verdade Robert Ott não este presente neste evento. Foi um equívoco da memória.

A1 – Difícil de falar o que a gente vê aqui e o que acontece lá fora. Quando fui fazer estágio formal no ano passado era gritante, desesperador...

M – Qual...

A1 – Ensino médio à noite. Próximo do meu trabalho no Centro Cultural de Diadema. E lá era assim: uma falta completa de ..., de vontade dos professores... Tudo era obrigação dos alunos... Os professores também já... Tinha um professor que virou para mim e falou uma vez: "Ah, para quê que vou ensinar para eles se eles não querem aprender?". O professor tinha isso bem resolvido para ele. Eu ficava pensando: "O que estou fazendo aqui?". Foi um... E quando a gente vê o estágio, depois, ocorrendo no colégio municipal, o Faria Lima, é uma coisa mais tranquila, mais prazerosa... Você via uma resposta deles. Lógico fugia, muitas vezes, do controle. Do que às vezes a gente imaginava, mas... Um dia também tinha de inventar algo para fazer e aplicar.

M – Só em educação pública?

A1 – No ano passado não tão... Melhor que sofrer em uma particular. Mas... onde fiquei muito tempo foi no Centro Cultural de Diadema, lá no bairro central da cidade. E lá tinha... como estive mais tempo lá, tive uma grande experiência. A mais marcante nem é tanto de oficinas, nem... Foi entrar numa área de gestão pública cultural. Fiquei muito próxima das ações comunitárias, dos coordenadores técnicos, dos diretores e tudo mais. E a gente fica... De como a gente resolve em um município que tem pouco tempo de emancipado, como Diadema e pouquíssima verba

– nenhuma – para cultura... Como a gente faz para estes centros funcionarem com estrutura sem dinheiro? E também, como num centro cultural central [inaudível] as atenções, é o maior teatro da cidade e tudo mais, a gente tem um problema sério de, também, ter jogo de cintura em termos políticos...

M – É...

A1 – É assim... Eu não coloquei isso no relatório (de estágio), mas é gritante. A gente tem que se desdobrar para remanejar evento cultural, porque nós temos um evento político e não podemos permitir... Então o que tenho de mais forte nesta experiência foi o contato com o público. E por parte da arte/educação mesmo, eu demorei para me encontrar. As oficinas acontecem – não são confusas, quem fica na administração só achando defeito, não tem relacionamento direto, também não conversa com as pessoas. As oficinas falam diretamente a um coordenador "X", numa hierarquia mais alta, mas também não dialogam diretamente com o administrador do espaço. É muito estranho. Então comecei a dialogar com outras pessoas, professoras e tal. E consegui que algumas educadoras começassem a trocar uma ideia comigo. Então aí sim que pude aproximar e a discutir, a conversar o que era melhor... E eles não muito. [inaudível] E como eles lidam com a falta de material...

M – O pessoal da gestão, não é...?

A1 – Não, os próprios professores.

M – Os professores?

A1 – Os professores... Como eles lidam com a falta de material. Você sabe, eles recebem um material da Cultura, um material razoável, bacana, tem tinta, bem variado... Só que chega um ponto em que no meio do ano já está faltando papel, não chega material do projeto de oficina... Lá eu vejo é muita criatividade por parte dos educadores mais próximos. De reciclar coisas... [Para os colegas] Quem que foi naquele negócio das coisas que vêm do lixo, sabe? Aquela coisa: "vamos colar CDs e garrafas pet"... [ninguém respondeu].

M – Sei...

A1 – Acho que é isso... Sinto falta mesmo de uma experiência mais... Talvez de algo melhor que não seja não formal. Porque ficou este início conturbadíssimo e professores desinteressados em tudo e a outra que a gente teve como... estava aplicando e a gente via os problemas por nós mesmas, discutíamos com ele [professor] em poucos momentos e...

A2 – Quase nada, né?

A1 – ...o professor não falava absolutamente nada...

M – Ele não dava abertura?

A1 – Ele, assim...

A2 – Ele dava espaço para gente e aí a gente fazia o que queria lá no espaço, mas não dava para conversar com ele: "O que você achou?".

M – [inaudível]

A2 – Ele dava espaço, estava lá presente, ajudava a gente – a classe bagunçava muito, mas não dava palpite. Deixava a gente à vontade. Mas também por outro lado a essa liberdade que a gente tinha faltava esse aspecto de dar uma mão. Que a gente nunca tinha tido essa experiência (…) da aula. Mas ele foi muito legal com a gente.

A1 – (…) a falta de verba do Estado.

M – É nessa escola que você falou?

A1 – É, no Faria Lima. O único momento que ele estava lá para lidar com a coisa realmente era um momento que a sala estava… Ou a gente não soube passar bem a ideia da atividade e isso "estressou" a turma ou era uma atividade mais aberta mesmo, mas permite que a criançada fique elétrica… Então… eu senti falta de um comentário, assim: "Ah, que diferente"…

A2 – De questionar também…

A1 – "Que diferente" ao menos… Eles comentaram um pouco, mas era aquilo... Nada grande…

M – Vocês chegaram a perguntar para ele o que ele achava?

A2 – Não…

A1 – A gente chegou a pensar em inserir ele nas atividades.

A2 – É. Ele até participou com a gente, mas…

A1 – É, daquele jeito, sabe? Ele chegava e ia fazendo, às vezes no meio…

M – Será que ele achava que não era para interferir?

A2 – Talvez. A gente não teve a ideia, não sei.

A1 – É, não sei se ele tinha as ideias dele de não… Pode ser. A gente também não tinha muito papo extra. O ideal seria ter um papo extra…

A2 – É, depois. Para conversar com ele… Mas a gente não tinha…

A1 – Não tinha... [inaudível].

M – E o que mais, gente? Não precisa ser só de estágio. Podem trazer suas experiências ou coisas que não refletem...

A3 – Bom... Uma coisa que comentei com a Fernanda ontem, com a Ana e com a Dani. Essa coisa de estágio, de experiência, porque você tem de fazer isso, o que você tem que fazer e tal. No meu caso, eu queria fazer licenciatura e também queria fazer o Bacharel(ado). Achava que a oportunidade de ter os dois é ótima. Por isso queria mais vir para cá do que ir para ECA[ii]. Mas eu entendia essa coisa do Educativo, a palavra composta "arte/educador", "arte/educação" foi aqui. A licenciatura em artes é educação artística, ser professor de educação artística. Os dois primeiros anos foi Bacharel: mais leitura de texto, aulas práticas, mas acho que a grande vantagem, o grande momento que me senti que estou entendendo, estou pegando paixão pela coisa, aqui na faculdade, foi no terceiro (ano) com as aulas de licenciatura. Mesmo não tendo uma projeção, vou dar aula em tal lugar, porque a gente comentou: quando você tem que falar sobre algo, seja o que for, você precisa de ter muita consciência do que está falando para você passar (a informação). E para mim, pelo menos, foram nas aulas de licenciatura que a gente teve mais conversas sobre uma conscientização artística. Não na definição do que é arte, mas uma conscientização, discutir as coisas, ver as coisas, porque teria que

---

ii Escola de Comunicação e Arte da Universidade de São Paulo (ECA-USP).
iii Museu de Arte Contemporânea da Universidade de São Paulo (MAC-USP). Unidade do Parque do Ibirapuera.

entender isso para depois mediar e passar para outras pessoas. Mais até do que as aulas de bacharel, que a gente fica na técnica, qual a sua poética, o que você vai fazer, que tipo de trabalho… A gente que está fazendo os dois (licenciatura e bacharelado) está até mais folgado… Está muito mais interessado nas aulas, não só de licenciatura como de bacharel, mais do que aqueles que estão fazendo somente bacharel. Talvez porque tem mais conversa, discussão nas aulas. Veio um acordo para trabalhar no MAC[iii], no educativo do MAC, Museu de Arte Contemporânea. Não entendia o que é arte contemporânea, não gostava…

M – Do Ibirapuera?

A3 – Do Ibirapuera. Eu e a Dani ia lá e a gente teve contato com a educadora de lá. Eu fiquei um ano fotografando ela com as crianças, dando material de apoio e lavando pincel. Mas as coisas que eu vi dela falando de arte contemporânea, assim, que tinham pregadores, tinham plásticos e só, e eram uma fantasia: eles (as crianças) viam casas, os pregadores era o quintal. Ali na parede a parte rica e a parte pobre do varal, os bairros, a laje e ali a parte rica, as pessoas e tal… Era uma piração. Daí eu comecei a gostar de arte contemporânea. Olha que legal que é, assim… E aí eu comecei a querer ser artista. Mas eu não queria… Queria cenografia, vou para outra coisa, não vou ser artista plástica.

A4 – Só gostaria de ressaltar que no MAC nossa experiência foi muito… A minha ainda é pois saí de lá há pouco tempo, mas as ideias da pessoa que nos conduziu (orientação do educativo do MAC-USP) eram as mesmas ideias que discutíamos aqui. Então tinha total coerência: a gente discutia aqui (na faculdade) e lá era a aplicação destas ideias. Como isso funcionava...

M – havia um esforço lá de tentar trazer estas discussões de nível teórico...

A4 – E que é difícil infelizmente. E isso era importante: o que a gente estudava era o que a gente vivenciava lá. Às vezes a gente discutia o mesmo texto ou o mesmo autor, a gente comentava... Era importante.

A3 – Era uma ligação. Tinha uma ligação com as coisas da Rejane[iv], do CCBB[v]. A gente conseguiu *linkar* bastante. Mas é engraçado de pensar, pelo menos para mim, que o educativo de um museu que a gente foi, sem receber nada e pedir "pelo amor de Deus" para vir trabalhar aqui e que deu vontade de ser artista, deu vontade de ir para o educativo, continuar porque é legal, que deu gosto por arte contemporânea – pelo menos para mim eu entendi, eu consegui ver, *linkar* isso, conversar com os artistas, ter contato... Comecei a querer produzir arte contemporânea, a querer falar de arte contemporânea para os meus alunos futuros. Porque não é legal só verem Tarsila (do Amaral), ou qualquer coisa. Então, abriu essa parte do Educativo, por essa coisa de conscientização daquilo que você está falando...

iv Profª. Drª. Rejane G. Coutinho, professora das disciplinas: Fundamentos do Ensino da Arte, Ensino das Artes Visuais, Prática de Ensino e Estágios Supervisionados para os cursos de licenciatura e bacharelado em artes visuais do Instituto de Artes da Unesp/SP.
v Centro Cultura Banco do Brasil de São Paulo. Refere-se ao programa educativo do CCBB/SP, que dentre várias atividades busca aprofundar os atendimentos ao público das exposições de artes visuais através de equipes educacionais terceirizadas.

A1 - ...aquilo que você estava falando lá no corredor: "Nossa, agora com a licenciatura tenho mais vontade de fazer bacharelado, mais vontade de produzir (obras) e tal". Estava eu, a F. e a D.: "É mesmo, é mesmo", a gente concordou. Eu também comecei a correr muito mais atrás de coisas... De ler ou de pegar meus trabalhos antigos e dar uma olhada e pelo menos investigava, até no ano passado, de se interessar pelos trabalhos.

A3 – Porque para você fica entalado aquilo, fica...

A4 – A gente vê aquilo, a gente vive isso... É a sua realidade. É sua realidade como artista, como educador, como cidadão, a cultura, na sociedade, isso é uma coisa diária até. Ou você não vai entender o que você vive.

A3 – Por isso que eu acho que foi fundamental toda esta experiência em mediação, porque além de eu entender o que estou falando, eu entendi o quanto ela é importante e o quanto foi importante para mim. Porque foi neste processo de ver mediações da educadora, explicar e falar, que eu pensei: "Uau! Que demais, eu quero entrar! Tô dentro, olha só que coisa!". Entendeu? Foi importante a mediação para mim, que estava fazendo a faculdade: entendi o que era e deu vontade de continuar no setor educativo, mas também de ter uma produção... Abraçar o mundo, mas... Deu vontade, eu entendi o que são as duas coisas, a importância delas, do mediar e do fazer...

A1 – Não sei para vocês, mas quando a gente estava conversando (anteriormente ao grupo focal) sobre vivências e tal, sobre os educadores, me deu uma paz de espírito absoluta... Porque eu estava precisando de um outro trabalho, olhando para o ano inteiro do que a gente leu: como vou abarcar tudo isso? Eu não me sentia preparada para abarcar um conhecimento maior e como eu vou transmitir... A gente começou a discutir: você entende minha carência, sou carente em tais e tais pontos e... começou a dar vontade de correr atrás de tais e tais pontos. Por exemplo, eu tenho uma enorme carência de conhecimentos contemporâneos, tanto que na semana que vem já vou fazer aquele negócio no Itaúvi, palestras e tal. E eu estou tranquila de que se eu conseguir deslanchar a minha produção, pois já deu este ânimo de saber mais para ensinar melhor, mas também dentro das carências e também dos seus interesses, do ponto de vista que é o seu. Que não limita que você continue estudando, mas não deixa de aparecer no que você está transmitindo. Eu comecei a procurar outros estágios. Ainda mais que a gente vai ter que apresentar aqui (na aula de Prática de Ensino), eu já vejo que as pessoas vão chegar e não sei o que dizer. Mas eu tenho uma noção de..., pelo menos não do que me compõe, mas o que me falta.

A3 – [inaudível] ... como é importante essa mediação. Como é importante esse trabalho que me atingiu e quantas pessoas eu também posso atingir? Mais importância no estágio, mais importância para o educador e, indiretamente também, fez eu querer saber mais de mim, produzir, assim...

[vi] Instituto Itaú Cultural de São Paulo. Na ocasião do grupo focal, havia uma série de palestras sobre as exposições H2Olhos, Quase Líquido e Estratégias para Sair e Entrar da Modernidade no primeiro semestre de 2008.

A4 – Queria comentar a minha experiência no estágio formal, que tem esta vivência ao mesmo tempo do estágio não formal no MAC, riquíssimo, eu fiz estágio numa escola pública de periferia em São Bernardo, já é uma região mais afastada da capital cultural, em que a cultura deles é bem mais deficiente. Por coincidência a professora com quem estagiei...

A1 – De observação (o estágio)?

A4 – É, de observação. Ela foi formada aqui no IA, há alguns anos.

M – Na época do IA em São Bernardo?

A4 – Não, não. Ela é nova. A gente entrou em 2005, não? Acho que ela se formou em 2003, alguma coisa assim. Eu fiquei abismada, pois ela tinha ideias muito diferentes das minhas. Até fiquei me questionando se ela tinha sido... Ela é supernova, não tem muito tempo que ela dá aulas. Então ela tinha sido absorvida por essas ideias da escola pública, de comodismo mesmo, não sei... Mas tudo que a gente discute aqui, tudo que eu vivenciava no MAC, era como se ela negasse aquilo. E do mesmo lugar onde estou me formando... Não é possível...

A1 – Tinha brigas? Por exemplo: dela cansada de brigar, se rendendo a esta situação ou simplesmente não, ela estava muito sossegada?

A4 – Muito sossegada.

A1 – Ou de ser autoritária, enfim, fazendo tudo ao contrário do que a gente vê aqui?

A4 – Muito sossegada e ela é supernova, se bobear ela tem a minha idade... E tem até um exemplo que já usei em aulas que sempre comento que ela estava querendo classificar o que era arte e tal, mostrar o que podia: um quadro, escultura... Aí ela decidiu ajudar os alunos a recortarem nas revistas esses quadros. Uma criança recortou um desenho digital e eu falei: "Tudo bem", né? Mas quando ela foi mostrar para professora: "Não, isto aqui está errado, isto aqui não é arte!". Eu fiquei... Eu tinha falado para o aluno que sim! E ela, que é a autoridade máxima da sala, falou: "Não!". Bom, tudo bem, cada um tem seu conteúdo pessoal. Mas achei que era restrito o que ela fazia, fiquei bem desapontada...

A1 – O engraçado é ela estar resolvida nisso...

A4 – É. E ela é formada aqui...

M – Provavelmente teve contato com todas estas discussões... Ou não. Ou ela não quis... Uma coisa é quando a pessoa não sabe mesmo, mas quando não quer, aí...

A5 – Estava pensando naquilo que você comentou, de querer ser melhor para poder ensinar melhor...

Quando estava fazendo estágio na escola, no Faria Lima, eu peguei uma turma que a gente tinha vários problemas com alunos, mas problemas que já vinham bem de antes, da formação deles e justamente com professores que chegavam e falavam: "Não pode fazer isso, não pode fazer aquilo, isso está errado, isto não pode fazer...". Então as crianças já tinham isso muito na cabeça delas. Então a gente às vezes tentava dar uma atividade simples e já elas nem começavam a fazer, porque elas já sabiam que não conseguiriam fazer, que iam fazer errado, então elas nem tentavam. Eu falava: nossa que forte que é uma coisa como a professora sei lá de que ano que falou para essa criança para ela travar pelo resto da vida... E ela sabe que fazer isso... Os próprios amigos entram e então a aula é assim para todo mundo... Daí a gente começa a ver essa influência tão forte e essa importância tão grande que tem em cima do educador e aí comecei também a me apaixonar por ser educador. Também entrei aqui na faculdade... Nem estava pensando em ser... Era mais... Um diploma a mais para caso não consiga sobreviver como bacharel, vamos dar aula em algum lugar...

A1 – Se não der certo como bacharel, vou ganhar uma graninha dando aula...

[risos]

[todos falam]

A5 – É.

A4 – Nem nisso eu pensava, mas é muito forte... Tem umas aulas agora que a gente tá vendo aqui dentro, vendo as influências que a gente teve tão fortes na nossa vida, foram marcando os caminhos que a gente veio e a gente começa a pensar: que influências a gente vai ser conforme a gente atinge outras pessoas.

M – Me lembro que na minha graduação, na época, tinha uma aula, da Mirian Celeste... Ela fazia um trabalho parecido com esse que a Rejane faz. E foi uma das coisas que desenvolvi aqui que ficou como um marco... Até para entender outras coisas para além de arte/educador, esse lado artista... As experiências que eu tenho, coisas que eu gostava e não sabia porquê. Aí você começava a se conscientizar um pouco mais, deste lado… Não de tentar encontrar as raízes, mas de perceber coisas além do que você achava que sabia de si mesmo…

A5 – A gente acha que se conhece, mas de repente a gente fala: nossa, não, tá cheio de coisas… O contrário.

A1 – Então, você falou que veio de um colégio super tradicional e tal…

M – É.

A1 – Eu também vim de um colégio tradicional e católico. Não tive aquela parte de trabalhos manuais, mas eu tive uma história da arte compartimentadinha e era muita escrita, o tempo todo… Era sempre paralelo à literatura ou paralelo a uma leitura. Tinha leitura de imagens e tal, de reproduções, mas era sempre assim: vamos até o expressionismo, semana que vem é tal… Poucos paralelos com… Você nunca conhecia o [inaudível]. Aquela história de nunca extrapolar o ponto. Quando eu voltei ao colégio eu senti uma relação próxima com minha última professora de Educação Artística, que também me influenciou para fazer arte. Voltei ao colégio só para visitá-la, então ela me contou que ela conseguiu enfim, graças a Deus, colocar arte Pop no currículo. Uma guerra.

M – Por quê?

A1 – Porque não tinha paralelo direto com a literatura, então não caía no vestibular. No meu colégio era assim: vamos voltar para o vestibular.

M – Uma ferramenta.

A1 – Arte é uma ferramenta. Arte é uma disciplina, mas ensina apenas a vanguarda, de literatura. Quando fui lá para tirar as fotos[vii] no colégio, eu passei na sala de artes e vi uma atividade de estêncil nas paredes, grafites, pinturas nas paredes dos alunos. Fico feliz por este ganho, mas eu vejo que quando eu tive, eu não tive esta visão maior, além das vanguardas do século XX. Quando entrei aqui que eu vi e agora revivendo as minhas carências, nossa, não acredito assim que... Até minhas pesquisas de história da arte sempre caíam neste tempo que eu domino melhor, nunca me aventurei em... Numa área mais recente, assim...

A3 – Mas eu acho, uma impressão que eu tenho, quando a gente entende como funciona seja a ciência que for, o estudo que for, ela é interessante, se torna interessante. Essa é a impressão que eu tenho. Porque se você sentar com a minha irmã e ela contar como o Alfredo Bosi lê um poema, meu, eu vou fazer literatura, vou fazer Letras, porque isso é incrível. Só que meu irmão que é engenheiro, se te explicar um princípio de lei da física ele vai lá para filosofia, está tudo lá, tudo explicado lá. Você fala: nossa, que máximo, é isso, entendi agora tudo. Então agora, não sei, acho que isso que talvez a gente está comentando: eu vim para cá e despertou tal coisa... Acho que é por isso, sem puxar o saco da formação que a gente está tendo, mas a gente está entendendo o que está acontecendo, a gente está se envolvendo. Mas, por exemplo, quantas pessoas aqui tem ódio de matemática, porque

---

[vii] Proposta de trabalho desenvolvido pela Profª. Drª. Rejane Coutinho sobre a visualidade das escolas e o ensino de Arte.

também aprenderam matemática "assim", ou física aprenderam "assim", química, aprenderam "assim"? "A gente teve matemática, a minha professora fez entender o que era matemática, para que ela servia e eu fui fazer matemática". Acho que isso é mediação, não é explicação, é em toda parte educativa. Não sei, é o que eu sinto... Quando você se envolve, quando você entende como funciona é que você se apaixona e você vê assim: "eu quero fazer isso" ou "eu entendi, mas não é por aí" porque você volta para você, então se descobre... Acho que é assim que funciona. Por isso que talvez a gente falou assim: "eu consigo ser mais bacharel daquele que está fazendo bacharel(ado)". Porque talvez a gente está entendendo o que que é. A gente não está chegando na sala, lê o texto – ninguém lê – e faz um negócio, "agora vou ficar no ateliê, trabalhando e tal"... É a mesma coisa: quem chega aqui e vai para o ateliê para fazer é a mesma coisa que um cara da matemática chega lá e faz. É mecânico, é prazeroso, ele faz porque tem facilidade... E boas. Por isso acho importante ir nas salas, ir nos estágios. Acho como forma de entender o que está acontecendo, entendeu? Você vai encontrar a professora que vai falar: "não, está errado" para os alunos, porque ela não entende o que está fazendo, não entende o que ela está falando. Eu e a Fê, a gente falou, a gente deu uma folha grande e falou: "façam o que vocês quiserem, vocês estão recebendo uma folha A1", crente que eles iam pirar e quando a professoras deles chegou e falou: "não, quem está com a tinta pinta só de um lado e não passa do contorno, não passa do seu desenho, tem que fazer ali é uma maria fumaça?

Então faz a maria fumaça só de um lado". E a gente tinha falado: "não, pira o cabeção". Por isso é importante, não sei... Ela não estudou para aquilo... Não tem uma consciência daquilo.

A5 – E talvez ela até tivesse a mesma formação...

A3 – É, então...

[todos falam]

A4 – Ela não pensa no que...

A3 – É mecânico...

A4 – ... é a consciência dela, o que ela está fazendo, o que a outra está fazendo no contexto...

A1 – ... sem saber como isso vai refletir em quem está recebendo esta proposta. Agora em 2008, este aluno percebe que ele não pode pintar a cor do jeito que ele quer.

A3 – Então a gente percebe que o educador, seja de que matéria ele for, ele tem que ter consciência do que ele está falando e não só passar a informação. Acho que isso que fez a gente gostar e falar: "não, eu só ir ter o diploma e agora eu acho legal". Porque a gente entendeu, está tentando entender...

A5 – E justamente por causa da formação que a gente também deve ter tido na escola que tipo, o que é uma aula, que a gente vem para a faculdade com isso na cabeça: "Ai, eu não quero fazer licenciatura, eu não quero dar aula, mas é um último caso de ganho financeiro estável"...

A4 – Mas é porque isso acontece ainda... A gente está aqui e reproduz isso, sabe? Não sei porque ela foi absorvida por esse sistema, mas...

M – É verdade. Enquanto a gente está todo mundo aqui conversando e concorda com essas ideias, outra coisa é quando, sei lá, passa num concurso e tem de ir todo dia para a mesma sala dos professores...

A4 – É difícil. Os alunos também já estão há algum tempo...

M – ... aí passa um ano, dois anos, três anos, não sei...

A4 – É, com o tempo... Tem de partir dele, de buscar isso, né? O MAC mesmo oferece tanto programa, para professor, específico para professor...

M – Aonde?

A4 – Lá no Ibirapuera. Nossa, a educadora lá no sábado... Ela tem muitos projetos para professores especificamente, não é para alunos de arte, nada disso. E os professores... Aparece meia dúzia de gatos-pingados. Até transformar esta consciência...

A3 – Ele tem que entender que... Ter o entendimento de buscar... Não é só passar, jogar uma formulinha e "resolvam"... Parece que é até isso, né? Matemática, dá uma formulinha e eles resolvem, tal coisa é isso, isso é isso, se desenha a perspectiva assim, puxa assim, sai do cubo...

A1 – Mas, por exemplo, eu vim de escola particular e a minha professora, eu via nela, que ela continuava estudando. Tanto que eu perguntava para ela e percebia... Eu li o doutorado dela antes de sair do colégio, que era sobre desenhos animados e os heróis dos desenhos animados e toda uma linha da saga de heróis. Eu cheguei a ler e tal. Eu via nela um sentido de reciclagem que o colégio particular incentivava...

[todos falam]

A1 – … você só vai sair de lá quando você morrer, é concursado, nada vai tirar você de lá. Está muito estável…

A4 – É esse o problema. Que tipo é esse? É uma busca pessoal ou é o sistema que tem que ficar, vai metendo na b… Vai metendo na b… Porque se essa professora não fizer ela vai perder o cargo dela. Então…

A1 – Se ela não for doutora lá ela vai perder o cargo…

A4 – É.

A1 – Ela também está num lugar que é assim. "Vamos ser doutoras? Então vou aproveitar a deixa e também vou me enriquecer nisto". É esse o sistema. Também se não fosse a parte do educador, "eu vou cair fora", ela não trabalhava só lá…

A5 – Acho que tem mais coisa além do próprio sistema que vai minando o professor na gestão pública, porque, por exemplo, a gente vai com a maior vontade de fazer coisas… Na escola Faria Lima, por exemplo e às vezes os alunos de escola pública já estão bem conformados, tipo: "vou na escola para receber a merenda, porque a minha mãe tem que trabalhar o dia inteiro". Então eles também já têm essa cabeça. Já que a aula de artes é para brincar…

A4 – E isso vira um ciclo, né?

A5 – É. E a professora chega, até com vontade, de repente este professor até queria fazer alguma coisa e você vai lá e bate na cara, bate na cara e bate na cara, pois os alunos não estão nem aí e é muito difícil de fazer alguma coisa. Às vezes já tem toda uma reclamação anterior, como eu peguei e aí…

A3 – A formação de particular também não quer dizer nada, assim como a pública também não quer dizer nada, porque no museu que a gente recebe os dois, é aquela coisa que a gente já falou. Particular, às vezes, vem e fala: "ah, isso é Impressionismo, né?", mas não é disso que estou falando é outra coisa que eu quero chegar...

[todos falam]

A1 – Eu mesma era uma aluna desse tipo...

A3 – Então, aí um menino da escola pública, lembra que até a Tarsila falou ontem na aula da Luiza, que ela falou que o menininho da 6ª série estava com a turma da 8ª, não sabia ler, escrever e tinha até dificuldades em articular, mas na hora de pegar o desenho e expressar, o moleque era muito bom. Ele não tinha nada, nenhum conceito que fazia ele travar e falar: "é isso, mas...". Não, ele se liberava e ia, era nítido, então ia embora... Acho que é isso também, você pega num museu escola pública, mas por ele não ter praticamente aula, não sabe o que está acontecendo, você pode ir com ele para qualquer lugar, mediando bem. Às vezes você vê que é difícil tirar ele dali, então...

M – Quebrar um pouquinho a casca, né?

A3 – Tirar a casca. Acho que as duas coisas têm um ponto...

[inaudível]

A1 – Teve uma educadora que fez um workshop nas férias um... que eu queria ver se tinha uma vaguinha, mas... Aí a educadora, no caso o filho dela estava numa escola e ele não estava bem nesta escola, ela foi conversar com a diretora. Escola particular.

E a diretora falou assim: "não porque" – era questão de horário, minutos onde o menino tinha problemas. Ela falou: "porque nesta escola nós formamos líderes!". O menino tinha o quê? 5 anos. "Na escola formamos líderes". Imagina na escola que o pai coloca o filho, compra estes líderes. "Nós compramos porque quero este líder". É mesmo qualquer... Aí o menino se forma com esta casca e quando chega o filho dele entrar numa faculdade por exemplo, acontece...

A4 – Mas ele não quer ser isso. Ele não quer ser esse líder... Ele não foi consultado...se ele quer aquilo.

A1 – Eu trabalhei em feira de profissões, sabe, aquela que a gente vai e tira dúvidas? Eu e uma menina de cênicas. Chegava o pai – de escola particular – chegava o pai com a menina toda sonhadora, super..., com aqueles olhos brilhantes, super a fim, tirando suas dúvidas, e o pai: "mas dá para viver disso? Você acha que isso é profissão?". Chegou até a ofender a... Começou a questionar a... Ela ficou: "Vou sair daqui agora. O que estou ganhando aqui não vai valer...". É esse tipo que depois questiona um conteúdo um pouco mais livre ou um pouco mais fora do padrão dessa maneira. Ele é um líder e imagina a filha uma líder... O que é um líder?

[risos]

M – Você queria falar naquela hora?

A6 – Foram muitos assuntos e todo mundo começou falando sobre as experiências de estágio e a gente chegou o que isso reflete no agora e como vai refletir, sei lá, no futuro, nas nossas futuras vidas como professores, enfim. É interessante como estágio formal ou não formal pode acrescentar muito e contribuir no que está se discutindo aqui na universidade como também pode ser uma coisa totalmente diferente, sabe? Como pode ser uma referência em que essa mediação e toda essa conversa que a gente constrói aqui não é feita. Então, às vezes você se vê nesta situação dessas que não há um educativo consistente ou uma intenção interessante de se construir, um discurso, de se construir um núcleo mesmo para pensar sobre estas práticas dentro de uma exposição. Aí você se vê numa situação dessas, meio sem o que fazer, tendo que pensar sozinho, tendo que tentar... Você tentando. E tudo que é discutido e compartilhando experiências, você nesta situação acaba tentando fazer esta parcela do educativo da maneira possível, né? Algumas instituições, por exemplo, algumas que eu trabalhei não tinham um núcleo de educativo.

M – Em museu você está falando?

A6 – No Sesc[viii], de exposição e tal. Primeiro porque era uma coisa temporária, era assim: uma exposição durava dois meses ou três. O tempo todo estávamos recebendo público, escolas e tudo. E esse pensar sobre, a arte/educação, a ação educativa não existia, então não sei assim... Não sei o que eles pensavam... Se eles concordam se deveria realmente um esforço para construir este núcleo... Nossa preparação anterior não era... Era sobre a exposição, sobre os artistas, o tema: "Olha, é isso aqui, isso aqui e isso aqui".

A1 – O processo educativo é com vocês, né?

---

viii Serviço Social do Comércio do Estado de São Paulo (Sesc-SP). Algumas unidades da cidade de São Paulo organizam exposições de arte temporárias.

A6 – É, o processo educativo não existia como nos outros exemplos aqui citados, em que a educadora participava ou incentivava esse pensar dentro do museu. Não sei se é o caráter também temporário, sabe? É que a cada exposição este núcleo de estagiários e a própria exposição muda, então...

M – Cada um com suas características... Acho que é um começo. No começo de eu fazer "monitorias" era assim mesmo. Contratavam estudantes, ou de bacharel ou enfim, e davam... Nem tinha curso, davam uma apostila e a gente lia a apostila e ia...

A4 – Mas é engraçada a contradição, porque o Sesc é uma instituição que até ensina um pouco esta questão da arte/educação, como foi aquele encontro que a Ana Mae...

A6 – Mais como um local para acontecer mas não que esta prática esteja lá.

A3 – E essa coisa de você fazer a licenciatura, você ter os conceitos, você saber qual caminho, mas que de alguma forma você também não pode desvincular de um interesse... Como posso explicar? Por exemplo, a gente fez um curso de formação para estagiar, para educador e tinham muitas pessoas da Unicsul[ix]. Mas eles leram Ana Mae, é um curso que tem licenciatura, eles não têm bacharel(ado), porque quando eles têm procura, eles abrem, mas a procura maior... Então são pessoas que já dão aula e aí vão fazer licenciatura para ter. Então, não têm contato com arte, eles não têm contato com... Vão muito pouco em museus e se vão é

---

ix Universidade Cruzeiro do Sul, em São Paulo.

Leonardo da Vinci[x], na do Degas[xi], ou alguma coisa que eles já tiveram. Elas ficavam super surpresas em a gente falar de um artista contemporâneo, elas achavam o máximo. Achavam o máximo quando a educadora falava: "tem que fazer uma pergunta que não induza, que abra um leque". Elas achavam aquilo: "Ohh", e tal. Então também a gente tem que prestar atenção que até o que a gente está falando hoje, se comentado hoje, se discutir tem uma distância muito grande na prática, mas também não pode, não sei assim... Acho que só entende, só melhora, só faz um educativo funcionar em qualquer lugar com discussões e sabendo a importância...

M – Com coletividade.

A3 – É, antes e depois, mas assim... Uma vivência. Não consigo separar mais. Então acho que mesmo a gente que faz licenciatura...

A1 – Acho que isso aparece até na formação destes professores.

A3 – É, parece que eles... Se eles tivessem uma produção, não super profissional, mas se eles fizessem eles entenderiam que não é a coisa mais absurda do artista não é: "oh, conheci um artista e trabalho para ele, falo da obra dele, oh". Não, né? São pessoas, são trabalhos... Até isso, nas escolas particulares que eles

---

x Exposição Leonardo da Vinci – a exibição de um gênio, realizada em 2007 em São Paulo, com réplicas de pinturas e reconstruções de invenções planejadas pelo pintor, de enorme sucesso de público, porém decepcionante pelo caráter "caça-níquel", em detrimento da qualidade. 50 xi Exposição Degas – o universo de um artista esteve em cartaz no Museu de Arte de São Paulo (MASP) em 2006.
xii Bienal Internacional de São Paulo (2006), cujo programa educativo contou com a coordenação geral da Profa. Dra. Denise Grinspum, então diretora do Museu Lasar Segall.

trabalham, mesmo que se discute, acho que tudo isso fica muito separado, bacharel e o professor. Talvez eles pudessem produzir mais, experimentação mesmo, não com a produção. Que eu acho que tem mesmo uma diferença grande, porque vai uma menina e pega o Sesc e ela vai ficar nisso, o conceito dela, ela vai expressar o quê, né? Ela vai fazer o quê? Ela já não tem uma orientação, já não tem uma equipe de educadores e na formação dela ela leu tudo isso, mas não vivenciou, então fica na mesma. A gente acha que está revolucionando o mundo e não está, também. Quem está lendo os mesmos textos que a gente, não está.

A6 – E para comentar algumas coisas envolvendo o ensino formal, não formal e o informal. A gente aqui na universidade, acho que a gente se forma nestes três campos. Aqui na universidade, claro, é uma coisa mais institucionalizada, mas o estágio de certa forma, mesmo que ele esteja na grade ele tem características do, assim, não formal e do informal também. Acho que o não formal e o informal têm uma coisa assim, cruzada que...

A1 – Pra mim é difícil...

A6 – Então... Não sei. Acho que não são a mesma coisa, mas... Para mim o informal fica num caráter um pouco mais ... vida, de um todo, sabe? Assim, você pode aprender em casa, com os familiares, na rua, sei lá, conversa com outras pessoas, num show, na sua família como um todo: seu pai, seu irmão e não sei quem. O não formal dá a impressão que não tem essa característica tão rigorosa quanto na escola, no curso, disso e de aquilo, mas por exemplo, quando o aluno está num museu ele pode ter essa experiência sozinho, não... Ele pode ter essa experiência não formal e de conhecimento. O informal...

[todos falam]

A4 – ...acho que não tem alguém que conduz uma linha... E acaba sendo a experiência dele, eu acho... ele pode absorver através do repertório dele, conclusões pessoais.

A6 – Mas por exemplo, se tiver uma mediação... Não sei, porque talvez tenha um direcionamento... A pessoa que está mediando está direcionando algo de alguma forma... É interessante o aprender. Que acontecem em muitos campos...

M – [inaudível]

[risos]

A6 – Interessante também o professor, o mediador saber disso... Saber que ele está aprendendo em todos os lugares. Ele se dá conta disso de pegar estes reflexos para construir alguma coisa, alguma discussão, algum levantamento, é interessante.

M – E as vozes masculinas? Gostariam de comentar algo?

A7 – Tive experiências no Museu Lasar Segall que fiz estágio um ano e meio e também o que as meninas estavam falando das vivências serem novos caminhos, novos horizontes para universos que não eram compatíveis... Por exemplo, essas coisas que estão no próprio estudo, na... No educativo do Lasar Segall durante um dia da semana é tirado um dia para estudo e todo mundo participa desse estudo. Um dia só para estudar. Textos, vivências que tiveram com alguma turma, tudo isso a gente aprende muita coisa, coisas diferentes, modos de pensar diferentes, tratamentos de alunos que eles tiveram… Mas que nessa conversa, no balanço geral da semana sempre era muito bom para todo mundo. O Segall era um dos educativos mais fortes que ainda tem hoje. Ele compõe o que é a Bienal[xii], o educativo da Bienal.

M – Porque a Denise Grinspum que é a diretora do Museu Lasar Segall foi a responsável pelo educativo da Bienal, na época…

A7 – Foi enriquecedor. Senti que a sala de aula, que tem as experiências de sala de aula, acho que não foi nada diferente do que elas estão falando… Muito fechado, não há muitos recursos… Até de conhecimento de prática, você fica… O vocabulário mesmo que a gente utiliza para eles se torna mais difícil. Quer dizer, então…

M – Você acha que estes dois universos são distintos?

M – Lembrando as suas experiências.

A7 – No caso as minhas aulas, né? Peguei algumas aulas substitutas de alguns professores e foi um desafio muito grande. Você tem que lidar com isso. Quando estava na Montessori[52xiii], tinha aula na Montessori… [inaudível] … construir uma aula mais dinâmica possível. [inaudível]

M – Mas é bastante diferente com a experiência do não formal?

A7 – Sim, a experiência é bem diferente. [inaudível] No não formal tem outra liberdade, o tom de voz é outro, a curiosidade, a forma de abordar é diferente, é mais prazerosa.

M – Quer falar também?

A8 – Assim, no estágio formal e informal… Foi o formal eu participei observando e eventualmente fiquei com uma profes-

---

xiii Faculdade de Educação e Cultura Montessori (Famec).

sora responsável pela disciplina e ela saiu e ilegalmente eu regi aulas.

M – Ilegalmente?

[risos]

A8 – É, ilegalmente. Mas eu fiquei percebendo o resultado da coisa e eu fiquei alarmado. Meio descrente com as... A instabilidade que eu vi lá na sala de aula [inaudível] que vi na escola pública. É uma escola que fica na Barra Funda, que durante muitos anos ficou sem a disciplina de artes.

M – Não tinha professora?

A8 – Quando entrei tinha uma. Eu dei aula para jovens e adultos e eu via que a professora ficava colocando notinhas na caderneta dentro da sala de aula e mandava passar na lousa... Experiências semelhantes no informal. E quando ela saiu ela pediu que mostrasse as anotações que eu fazia das aulas dela. Eu fiquei muito amuado quando ela me retornou o caderno, riscou meu caderno e falando que o papel do estagiário é blá blá blá e ela mesma queria fazer as minhas anotações: "era assim, não era assim...". [inaudível] Eu fiquei muito incomodado com isso. Ela não mais apareceu durante minha estadia na escola. Bem que eu queria revê-la para discutir sobre isso um pouquinho. Quando eu experienciei o ensino mesmo, diante dos alunos, aí "sujou". O problema da pessoa que eu anotava, o que eu achava que eu ia fazer, que deveria ser feito, na prática não consegui aplicar porque a classe era... Uma crise. Os alunos tanto a indisposição quanto o próprio repertório deles que não permitia que eu aplicasse, mesmo esses [inaudível]. Eles não faziam atividade mesmo que fosse para desenhar. Muitas vezes fumavam na sala de aula. Uma aluna na sala de aula que me falou que não era cigarro...

[risos]

A8 – É muito louco. Fiquei chocado com a realidade.

M – Isso acontecia com todas as aulas ou somente nas aulas de arte?

A8 – A aula de arte era muito mal conceituada na... Não tinha como abrir aquele... Não tinha como levar algo para articular... Eles não queriam... Tinha uma atividade que eu passei, simplesmente uma caricatura um do outro e um aluno fez trabalho para vários de seus colegas e os alunos assinavam embaixo. Como se eu fosse... Achei muito contraditório, mas eles agem muito naturalmente a isso. Acho que não tenho paciência. A atividade que mais contribuiu resultado foi quando eu reduzi ao máximo o nível de... Que era simplesmente desenhar na sala de aula mesmo, desenho de observação. [inaudível] Isso eu tive bons resultados. Inclusive acho que as atividades que eles entendem a proposta têm retorno. Acho que é confiável usar com a conversa, algum interesse deles e se entusiasmaram. Alguns entregaram no dia, outros que entregaram posteriormente. Acho que foi muito legal.

M – É importante: quando eles perceberam a proposta, o trabalho fluiu. Alguém comentou que você vai na sala de aula e os alunos têm 7, 8 anos de vivência de que aula de arte é aula livre, faz o que quiser, não tem compromisso...Então como realmente chegar, né? Num passado que já tem isso construído durante muito tempo e... Realmente trabalhar.

M – E aí, gente? O que vocês acham? Tem mais alguma coisa?

A3 – Tem mais sim...

[risos]

M – Gente, obrigadão. Ajudou bastante...

Apêndice B - Transcrição do grupo focal FAMEC

Grupo: seis alunos do 6º semestre de licenciatura em artes visuais

Data: 16/05/08

Mediador: Guilherme Nakashato

Mediador – É porque algumas opiniões começam a sair (sobre ligar os gravadores).

A1- Queria falar assim que...eu tinha um olhar para a Escola da Família[i] que até então não conhecia. Comecei a conhecer quando comecei a fazer uma pequena parte do meu estágio, lá no

---

i Programa Escola da Família – Projeto da Secretaria de Estado da Educação de São Paulo inaugurado com as atuais características em 2003, cuja finalidade é a abertura, aos finais de semana, de mais de duas mil escolas da rede estadual de ensino, transformando-as em centros de convivência com atividades voltadas às áreas esportiva, cultural, de saúde e profissionalizante. Convênios firmados com instituições de ensino superior, especialmente as particulares, proporcionam o recrutamento de alunos-bolsistas para atuarem como mediadores e orientadores de atividades. [SÃO PAULO (Estado). SECRETARIA DE EDUCAÇÃO (s.d.). Disponível em: <http://escoladafamilia.fde.sp.gov.br/v2/Sub pages/sobre.html>. Acesso em: 16 jul. 2009].

ano passado, então para mim foi significativo. Aprendi bastante coisa, as crianças perguntavam: "Ô tio, como é que faz o verde?". Como a escola não tem recurso, o que é que você tem que fazer? Misturar uma cor com a outra para chegar no verde. Então isso para mim foi significativo, quatro ou cinco não sabiam fazer. Então para mim, acho que como aprendiz, como uma pessoa que estava lá fazendo estágio foi legal. Hoje eu olho que tive um... Fiquei desempregado, então tive que correr para um lado que me desse essa chance de continuar o curso. Então foi essa chance que eu consegui. Cheguei ao ponto de... fazer a inscrição na Escola da Família, ganhei a bolsa...

M – Desse ano ou no ano passado?

A1 – Desse ano. Então consegui chegar no objetivo de não parar o curso e... você sabe, o desemprego... Então hoje estou vendo o valor que tem a Escola da Família, o que as pessoas fazem lá. Eu fui na D. E. (Diretoria de Ensino) e eu vi os trabalhos expostos lá. Tem coisas muito bem feitas, então achei assim...

M – Mas o projeto em si, assim... Você está comentando sobre a parte mais estrutural do projeto...

A1 – Isso.

M – Mas em termos de arte/educação, lá dentro da Escola da Família... Quem é que faz Escola da Família?

[dos seis, cinco levantam a mão]

M – Nossa, a maioria. Então dos seis aqui, cinco fazem Escola da Família. Mas para pensar: em termos de arte/educação o que ocorre lá? Ocorrem atividades vinculadas à nossa área de fato?

A2 – Ocorre. Se você falar para o gestor, para o ... para o coordenador da escola, eles promovem capacitações para você. "Ah, eu gostaria de fazer alguma coisa assim, de artesanato" ou "ah, eu gostaria de fazer um curso de pintura", eles promovem isso...

M – Mas quem faz isso? A Escola...?

A3 – Os universitários, mas vem da própria Diretoria...

A2 – É, da Diretoria.

M – A D.E. que oferece isso...

A3 – Isso, as D.E. que oferecem.

M – Como que é? É um dia...?

A3 – Eles fazem assim, professor, eles falam que é uma capacitação para os universitários. Aí a gente vai lá e têm artistas plásticos, como na semana passada teve. Foi uma faculdade... Eles abrem espaços. Eles estão fazendo parceria com o Sesc e tem toda uma questão de... Aí chamam o universitário de cada escola e eles vão lá e falam um pouco de...

M – Tipo vocês, como se fossem vocês?

A3 – Isso. Aí a gente tem que fazer o quê? A gente tem que pegar essas informações e trabalhar com as crianças, assim, da maneira que for possível na escola.

A2 – Nós fizemos no MAM[ii] e tivemos um dia para conhecer o espaço, eles explicarem sobre as obras e o que poderíamos trabalhar na escola. O que poderiam ver lá... Então a gente fez umas brincadeiras, montou estátua... Então a gente utilizou isso na escola

---

ii MAM – Museu de Arte Moderna de São Paulo, localizado no Parque do Ibirapuera.

e depois a gente veio visitar o museu, que apresentou os mesmos setores, com as brincadeiras, já estavam reconhecendo as crianças – o que estávamos fazendo na escola, e foi muito divertido...

M – Mas já é o trabalho com as crianças.

A2 – Sim, com as crianças.

M – Então não é uma "capacitação".

[vários falam]

M – Tem também. Ah, então é outra coisa...

A4 – É...

M – Isso já é um projeto de parceria, eu acho...

A2 – Isso, é.

M – Como uma instituição, aí leva lá... Mas é um trabalho com as crianças.

A2 – Mas é...

M – Não é uma preparação para quem vai trabalhar com as crianças.

A2 – É também.

M – Ah, é também ao mesmo tempo?

A4 – Também... Nós que vamos lá...

M – Ah, primeiro são vocês que vão lá...

A4 – E depois a gente traz isso para a escola, entendeu?

M – Ah, agora entendi...

A5 – É a gente que direciona o que a gente trabalha.

M – Então são duas coisas: primeiro eles preparam o educador, o arte/educador e além de tudo mais, fazem o trabalho de parceria... Isso acontece em todas (escolas)?

A5 – Lá em Diadema é assim: todos os educadores fazem reunião duas vezes por semana na Diretoria. Cada educador dá uma sugestão de uma coisa para trabalhar dentro de sua escola. Aí o que acontece: todos participam. Todas as escolas vão para a capacitação, para depois adaptar isso na escola. Lá na minha é uma unidade diferente – abrange duas favelas – aí foi sugerido atividade em arte. Foi para a Diretoria um projeto que minha escola montou e a gente tinha que conhecer e buscar trabalhar com as crianças. E este projeto foi para a Diretoria e todos os educadores das 105 escolas estudaram o projeto, acharam aquilo legal, foi para a Diretoria e a Diretoria avaliou e fez a capacitação, igual as meninas estão falando. Preparar a gente para trabalhar com as crianças. Mas cada um, eles ajudavam... Mas a proposta era... cada escola adaptar para sua realidade.

M – Lógico. Mas agora, outra pergunta. Na realidade vocês estão lá, na Escola da Família, vocês percebem que as atividades de arte/educação são preparadas e dirigidas por pessoas da área, de arte/educação?

A5 – Sim.

M – Eles estão tentando fazer este esforço.

A5 – Estão.

M – Não é qualquer pessoa que pode dar aula de arte.

A5 – Não. Lá tem HTPC[iii] no sábado. Lá na minha escola, para as professoras. Então são três professores de arte que fazem

---

[iii] HTPC – Hora de Trabalho Pedagógico Coletiva. Instituído a partir da década de 1980 pela Secretaria de Estado da Educação de São Paulo, configura-se em reuniões semanais entre professores, coordenadores e diretores das U.E. com o intuito de resolver coletivamente os constantes desafios administrativos e pedagógicos das unidades.

HTPC no sábado. Aí elas sempre sentam com a gente, as três professoras, para ver o que vai ser trabalhado, o que eles estão trabalhando, que pode ser reforçado...

M – Legal, mas...

A5 – No EJA[iv]. Porque lá à noite tem EJA.

M – Mas isso na Escola da Família, que você está falando?

A5 – Não, não. Durante a semana tem EJA.

M – Tá, tudo bem.

A5 – E as professoras dos EJA durante a semana fazem HTPC no sábado e juntam com a gente para a gente estar...

M – Que já estão lá de sábado...

A1 – Como educador da Escola da Família. Como no meu caso: eu entrei lá, eu tenho dois projetos. Um que é... O meu é pintura de azulejo. O que aprendi aqui, várias pinturas que eu posso levar a experiência daqui para lá. E a outra, a segunda atividade, que o projeto que tenho lá de pirógrafo. Pirógrafo, você trabalha, qualquer criança quer desenhar uma "Hello Kitty", para eles é uma satisfação imensa estar levando aquele presente para casa, pendurando naquela parede simples, que geralmente são, como a menina falou, são pessoas carentes mesmo... Ficam lá: "Oh tio, vai ter lanche hoje?". Então aquilo ali já corta o coração.

M – Para efeito do debate, vamos considerar a Escola da Família como ensino não formal, porque está fora da escola (regular). Vocês entendem que este tipo de iniciativa não formal no geral

---

[iv] EJA – Educação de Jovens e Adultos. Proposta do MEC em substituição do antigo Ensino Supletivo, direcionado para pessoas a partir dos 15 anos que não tiveram a oportunidade de estudar nas idades adequadas.

– Escola da Família, enfim – tem algum impacto... Assim, para a formação de vocês, teria? Alguma influência?

A2 – Eu acho que teria, porque dá a possibilidade de conhecermos os dois lados da moeda. Tanto como profissionais no ensino da sala de aula, quanto profissionais fora, no espaço livre, explicando, observando, acho isso muito interessante. Instituído a partir da década de 1980 pela Secretaria de Estado da Educação de São Paulo, configura-se em reuniões semanais entre professores, coordenadores e diretores das U.E. com o intuito de resolver coletivamente os constantes desafios administrativos e pedagógicos das unidades.

A3 – Tem outra coisa também: lá no Escola da Família tem várias "disciplinas": tem arte, que sou eu, tem administração... Então a gente acaba pegando um pouco de cada. A gente, enquanto universitários, a gente aprende com o arte/educador também. Além da gente ser professor lá, a gente é aluno também, porque tem... Eu acho legal isso, há uma troca. Informação...

M – Entre os educadores mesmo?

A3 – É. Informação... Com as crianças também. Elas trazem... Como no outro dia, estava fazendo minha oficina e chegou uma menina com um monte de bonecas e pedindo para mim bexigas estouradas. "Mas o que você vai fazer com bexiga estourada?". Ela falou que ia fazer roupas para as bonecas dela. Não parecia, mas ia fazer top, biquíni, tudo com bexiga estourada. Então acabei aprendendo outra... Assim, nunca ia imaginar isso, nunca. E tem outras coisas que acontecem e fico boba, nossa, não acredito.

A6 – O que acho mais interessante da Escola da Família é que há uma interação com a comunidade. Porque na escola... O certo era interagir na comunidade também durante a semana, mas não acontece como acontece nos fins de semana.

A2 – Até os pais conhecerem o espaço em que o filho estuda... Ver quem são, quem realmente está ajudando eles. Ou até mesmo professores que passam o final de semana com a gente. Se prontificam: "Eu vou". Tem cursos que eles dão de graça, não é no horário de trabalho deles, eles dão para ajudar, sabe? Trabalham como voluntários... Até interessante, porque... Cursos do SEBRAE[v] também estão indo para o Escola da Família. Tem vários tipos de curso hoje em dia que até os universitários podem estar dando, eles têm graduação...

A4 – Todo tipo de informação. Quem faz arte, vai mais para o lado da arte, quem faz Educação Física vai para quadra e ensinar que... É tudo assim.

M – Todos os educadores são formados?

A2 – São.

M – Mas também tem voluntários...

A1 – Ah sim, tem. Começa com voluntários assim... Como eu comecei, aí depois você acaba ganhando a confiança da coordenadora e eles acabam te chamando para você trabalhar lá, como bolsista.

M – Aí já vira bolsista.

[acena afirmativamente]

---

v SEBRAE – Serviço Brasileiro de Apoio às Micro e Pequenas Empresas.

A2 – Eu também comecei como voluntária em uma escolinha bem afastada... Então, é bem afastada as escolas às vezes. Quando vai próximo é a divisa de Ibiúna. Então a gente pegava o ônibus "capengando", ia e voltava às 7 horas da noite. Quando quebrava o ônibus a gente vinha de romaria. A gente contava cada aventura e as crianças adoravam, porque...

M – As crianças também?

A2 – Iam junto. Ia educador, universitário... Tudo em romaria... "Aí professora, tudo bem?". Era uma interação muito gostosa. Iam no rio, iam nadar, pegar jabuticaba...

M – Isso fazia parte das atividades?

A2 – Fazia todas as atividades com eles.

A1 – Que nem, lá na minha escola lá, lá é assim: acontece a festa das mães ou do dia das crianças, quem que faz a festa? Os próprios educadores e, lógico, convidam os universitários. Você pode doar o quê? Para o educador. Vamos fazer um bolinho para as crianças ou para as mães. As crianças mesmas ficam orgulhosas da gente estar... Fazendo ali... Não para as crianças, para a comunidade, quem quiser participar. Acho que se você está trazendo a comunidade para a escola... Até mesmo que... tem gente que já estudou lá dez, 15 anos atrás, hoje está indo lá levar seu filho. "Vou participar de alguma atividade lá na escola".

M – É a escola participando da comunidade.

A1 – Isso.

M – Mas...

A2 – Legal que dá até condições dele se manter, dá renda para ele. Porque os artesanatos, eles conseguem vender. São trabalhos benfeitos, eles conseguem vender panos de prato pintados... É muita renda...

A4 – É que na Escola da Família eles exigem muito pouco, então quem não tem... Porque às vezes tem... Bom na minha época de escola que já trabalhei, às vezes tem um domingo que não tem gente. Você tem que pensar o que vai fazer, se vai fazer um bolo ou se vai fazer um almoço para ir público também. Então a gente trabalha mais...

[vários falam]

A5 - ...tem mãe lá que colocou o filho na 1ª série e já está na 4ª série e nunca mais apareceu na escola. Uma reunião.

M – A mãe?

A5 – A mãe. E o que a gente está fazendo? A gente tem os alunos... O que fizemos? Trouxemos as mães para a escola. E a gente tem muitos alunos que frequentam os sábados e domingos que eram muito indisciplinados. E que gera... Chegam "abafando". E o que a gente faz? As mães não querem nem saber. E a própria diretora, que frequenta com a gente, ela falou que ela não conseguiu trazer essas mães para a escola, para resolver os problemas dos alunos. E a gente conseguiu.

M – Através da Escola da Família.

A5 – É.

M – Tem uma coisa que...

A6 – Eu vejo uma relação. Que, no caso, o fim de semana – estou relatando o que eu faço no museu. No fim de semana eles fazem como se fosse um acolhimento. Aí durante a semana as crianças já estão mais "interagidas" com a escola. Agora no museu eu me senti "superlesada" quando cheguei lá: "Ai meu deus, o que eu faço?", "Como é que eu trabalho aqui?", porque eu não sabia. Que você tem que saber fazer este acolhimento, pois enquanto vocês têm o ano inteiro para conhecer o aluno, a gente tem o quê? Cinco minutos, dez minutos... E você tem que conquistar aquele grupo para conseguir desenvolver o trabalho no museu, que é o quê? Uma hora, 50 minutos, dependendo se o grupo chegou na hora certa ou não. Aí fica aquela relação: vocês fazem este acolhimento e a gente no museu também faz este acolhimento, só que o tempo influencia muito.

M – Pouco.

A6 – É, muito pouco.

A5 – E no caso da Escola da Família a gente acolhe as mães e eles aproveitam durante a semana.

M – Tem uma colocação que você fez, que achei interessante, que este trabalho no fim de semana, para quem está de educador lá consegue sentir mais a comunidade talvez muito mais do que no dia a dia da escola. O que vocês acham?

A5 – Por que os professores não conquistam esses pais? A gente consegue trazer os pais no final de semana e os professores não?

M – No dia da semana.

A5 – Durante a semana não.

M – Mas por quê?

A5 – Acho que não tem integração entre os professores...

A2 – Não tem a barreira: você é aluno e eu sou professora, eu mando na sala e você escuta.

M – Você acha que no final de semana isso não ocorre?

A2 – Não, não ocorre. Ele dá liberdade para a pessoa falar: "Mas o que você está achando?", "O que você pensa?", "O que você está sentindo?".

M – Mas não são os mesmos professores...

A2 – Não são os mesmos professores.

A3 – Acho que, assim... Que se trata de um aprendizado, só que de outra maneira. Tudo bem que é aquele aprendizado de copiar, só copiar... (na escola regular) Tem que ser diferenciado, acho que é isso que é importante.

A6 – Só que os professores ainda são muito viciados nessa ideia de "encher a lousa"... Acho que isso influencia muito.

A2 – No caso da Escola da Família, são pessoas que estão em seu processo de formação.

A6 – Então tem uma visão diferente...

A2 – Tem uma visão...

M – Aí que vem a pergunta... Porque a gente está considerando isso um estágio não formal. Mas chega lá e essa pessoa que se forma – é um exercício de imaginação, não sei se todos vêem isso. Ah, tá, você tem toda essa experiência e, de repente, você está no ensino formal. Será que muda?

A5 – Porque... Acho que depende muito da direção.

A2 – É.

A5 – Quando a gente vai lá para dar aula mesmo, durante a semana, lá tem o professor coordenador, a professora coordenadora, o coordenador e a direção que... Tem que fazer aquilo lá que eles colocaram no projeto pedagógico. Já estou vendo pelo estágio que estou fazendo lá. A professora tem mil e uma ideias, ela é professora de história da arte. Tem conteúdo imenso, ela adora o que faz, ela tem paixão e ela vem conversar comigo. Ela deu uma aula na semana passada que eu adorei. E ela veio conversar comigo: "É, mas não pode sair daqui". Por quê? "Se a coordenação descobre que eu dei esta aula dinâmica, no HTPC eles caem matando para cima de mim". Por quê? "Eu tenho que trabalhar aquilo que está apresentado no projeto pedagógico". "Eu não posso sair daquilo". [inaudível] (...) ela trabalha com 5ª e 6ª séries... Ela trabalha com todas as séries. No ano passado ela dava aula à noite nos três últimos anos, quer dizer, no terceiro ano ela dá. Em três salas. Então em cada aula era uma coisa diferente. Ela conversou comigo: "Não espalha". Por quê? "Porque a...". E também a coordenadora era muito legal. Ela tinha mil e umas ideias também. Lembro de um HTPC que tinha a diretora e a vice: "Não, é aquilo que está na proposta, é aquilo que vocês tem que seguir". É o que acontece, não é?

A2 – A gente acha estranho porque ao final de semana a porta sempre fica aberta. Eles vão e entram e ficam à vontade. De dia de semana a coordenadora: "H., não deixa eles ficarem andando no corredor, eu não consigo..."; "Tá bom, eu vou tentar"...

A5 – E às vezes são os mesmos alunos.

A2 – São os mesmos alunos do final de semana. A gente não tem a mesma preocupação de ficar prendendo: "não, você vai ficar aqui, fecha a porta", entendeu?

M – Ia até perguntar se, por exemplo, os alunos também têm concepções diferentes – lógico, deve ter...

A2 – Às vezes eles sentem falta antes de ir... de andar pela escola, não para fazer bagunça, mas "ah, vou beber água", entendeu? Eles saem, bebem água e voltam. Até por isso.

A4 – É que final de semana fica livre nas aulas. Se começa uma oficina e quiser sair, eles saem, ninguém vai segurar. Durante a semana já é bem aquele horário, não pode isso, não pode aquilo, então já fica mais...

A1 – Acho que seria, do meu ponto de vista, a Escola da Família que nem fosse a Escola da Ponte: ali todo mundo junto, todo mundo aprende a mesma coisa, seria o meu modo de pensar.

A5 – É, a palestra[vi] que nós fomos falava sobre isso.

A1 – Isso. Então eu me vejo na Escola da Família desse jeito.

M – Nunca tinha pensado nisso.

A1- Porque um está fazendo uma coisa, outro está fazendo outra atividade, outro está... Depende da atividade que está fazendo, nova, que ele está fazendo ou outro colega ele diz assim: "Tio, eu vou para lá, porque lá...eu quero aprender".

A5 – Às vezes até eles pedem para mudar o horário porque eu e Isabel temos o mesmo horário com oficinas diferentes e as

---

vi Palestra do Prof. José Pacheco, ex-diretor da Escola da Ponte, ministrada no auditório do Museu de Arte de São Paulo (MASP) em 2007, na II Semana de Arte/educação promovida pela ECA/USP.

crianças... Ah, a porta está aberta, mas eles não saem... "Tia, não dá para mudar o horário, não? Porque a gente quer fazer as duas." E não dá porque é tudo no mesmo horário.

A3 – Também não só as crianças, mas os próprios colegas de trabalho. O meu educador já fez oficina de pintura comigo [risos].

[risos]

A3 – Aí ele falou assim: "Pode ser sincera, pode falar o que eu faço agora"... Então não é só as crianças que aprendem. Meu educador já fez vários quadros.

M – Acho legal que as crianças também percebem que os próprios educadores estão interessados.

A3 – Às vezes vem uma pessoa que está fazendo informática, turismo... Vem colegas de trabalho mesmo: "Ah, eu vou com você, não estou fazendo nada, então vou ficar aqui". Então é legal isso.

M – Deixa eu direcionar um pensamento... Que eu fico pensando... Essas coisas que vocês estão falando, que vocês têm uma formação... As coisas que se discute aqui (na faculdade), de alguma forma reflete nessa experiência?

Vários – Reflete...

M – Em que termos, assim...? O que vocês localizam?

A6 – Acho que o mais fácil de ver, primeiro é a dificuldade. Que no primeiro ano eu entrei assim: "Ai, que romântico, vou ser professora". Aí no segundo ano eu fiz estágio e pensei: "Ah, não quero mais ser professora, não. Vou ser caminhoneira".

[risos]

A6 – Aí nesse ano (terceiro) é que está começando a cair a ficha, sabe? "Ah não, é todo um processo, é uma construção, leva tempo, você tem que ter vontade mesmo, porque senão você vai ser mais um daqueles que já estão dentro da escola" – a gente não vai conseguir inovar. Mas, no início ainda estava meio que voando, acho que a gente começa na faculdade, por mais que os professores estejam falando: "Não, vai passar isso, isso e aquilo". Não, sei lá, não vai ser assim... Depois que começa a cair a ficha.

M – Acho que me lembro da primeira aula de Prática de Ensino: "Vocês acham que eu vou ensinar a dar aulas para vocês? Não vou, não. Vão aprender na marra".

[risos]

A2 – Mas é isso... Só no dia a dia que a gente aprende. As diferenças da Escola da Família, escola convencional, como vai ser, o que vai acontecer... Isso é legal, porque às vezes a gente quer dar uma aula numa escola que tem toda aquela dinâmica, de ter a possibilidade todo final de semana dar aquela aula empolgante. "Só isso professora? Eu quero mais". Ficam implorando mais, queixando mais... Até gostoso...

A5 – Tudo é experiência, acho que a vida da gente é uma experiência. Tem que fazer aquela experiência: não deu certo, temos que parar e pensar o que deu certo e o que não deu...

M – Coisa de reflexão em cima do processo. Coisas que a gente discute aqui.

A5 – Isso.

M – Mas eu vou provocar mais ainda. Por exemplo, Proposta Triangular – que a gente aprende aqui na teoria. Isso é aplicável? Vocês percebem isso?
Vários – É...
M – Ou não. Podem discordar também... Às vezes funciona, às vezes não funciona.
A3 – No colegial eu tive uma professora que trabalhava com a Proposta Triangular. É, ela tinha uma proposta totalmente voltada para o construtivismo. Então eu tive a oportunidade de aprender realmente. Aí tanto é que eu comecei a fazer faculdade e eu tive que estagiar. Aí fui fazer estágio com ela, então ela... Ampliou, abriu outras visões que enquanto aluna dela, nunca tinha reparado. Quando virou para o outro lado, aí eu falei: "Nossa..."; fiquei assim, sabe? Aí eu... Ah, aprendi muito. E vejo isso no trabalho dela ainda hoje, ela participa de congresso, está sempre se atualizando. E os alunos gostam muito dela. Ela falou uma vez para mim que...
M – Isso no ensino formal?
A3 – Isso, no formal. Fiz estágio no ensino formal e informal. Agora estou falando do formal. E os alunos, assim, antes dela entrar na..., pegar essas aulas, não sabiam nada, ela começou do zero. Quando ela saiu eles sentiram para caramba, porque ela se transferiu para outra escola. Mesmo com as dificuldades... era muito trabalho. Aí ela falou que não adianta só dar aula e o aluno não faz nada, tem que aproveitar mais. Teve um pai de aluno que foi ameaçá-la, que ela passava trabalhos e

que ia na Diretoria de Ensino. Ela falou que mesmo com estas dificuldades ela não ia parar de dar aula na escola pública. Porque ela, assim, se os bons professores saírem do ensino público, o que serão dos alunos? Isso me marcou muito e reflete o que a gente fala aqui e o que ela fazia lá também. Eu nunca percebi na aula: "Nossa, acho que isso é errado", sabe? Ela era, assim, perfeita. A professora que eu me espelho muito, igual como alguns aqui da faculdade.

M – Bons exemplos sempre são bem-vindos.

A3 – É uma pessoa que nunca esqueço.

A2 – ...em um simples desenho de aquarela que eles fazem retratando o dia a dia deles e penduram todo mundo na mesma lousa e falam...

M – Fazem leitura?

A2 – É, leitura: "porque eu fiz, porque pensei no que eu gosto". "Eu gosto de empinar pipa", outro de bolinha de gude. Tem que ter alguém... Então eles fazem muita coisa – junta uma turminha e a gente fala: "Vamos ler, o que acham de uma leitura?" e eles sempre topam. Em português: "mas, o que vocês acham? O professor vem conversar com vocês? Lê o poema e discute sobre...". E depois vamos ver: "O que você faria no lugar dele?". É uma forma de apreciar a leitura dele. O que faria no lugar dele? O jeito de fazer... Isso para mim é legal.

M – Tem a relação com a Proposta Triangular mesmo. Aplica-se? Por exemplo, na Escola da Família, vocês tentam aplicar, ou pensam nisso? Ou nem pensam nisso?

A5 – A gente tenta aplicar, mas os professores do dia a dia, nem todos.

M – Isso do ensino formal.

A5 – Isso, nem todos...

A2 – Mas também acho que eles nem podem, porque aquele jornal, revista[59vii]... Eles dizem: "Eu não aguento mais essa revista, quero dar outra coisa. E eles estão muito lentos nesta matéria, já dei isso no ano retrasado para eles..." e não tem como fugir daquilo.

A5 – Eu tenho um tio, tio do meu marido que é professor de artes. Ontem, antes de sair de casa, ele disse: "Vou tirar licença". Eu falei: "Porquê, se o ano nem começou?". Ele falou assim: "Porque eu não aguento mais aquele jornal, não aguento ter que seguir aquela aula. Eu não aguento, mas tem que fazer senão no HTPC a coordenadora só fica falando do Brasil, não deixa eu falar, não deixa pensar, não deixa eu fazer nada". Aí ele lançou como no ano passado, que não tinha este jornal. O que ele fez? Ele deu história da arte para o Ensino Médio, depois no final o que ele fez? Cada um construiu a sua tela, de um certo período que mais gostou,

---

vii Refere-se às publicações da Secretaria Estadual de Educação de São Paulo – "Jornal do Aluno" e "Revista do Professor". O jornal foi usado no primeiro semestre letivo de 2008 com o intuito de responder aos índices abaixo da expectativa, com atividades para todas as disciplinas focando também o estudo da Língua Portuguesa e da Matemática. A revista é uma espécie de manual teórico-didático para apoio dos professores. Além disso, em 2008 foi distribuído um "Caderno do Professor" e um "Caderno do Gestor", contendo a proposta curricular da rede estadual de ensino das disciplinas e para as U.E. [SÃO PAULO (Estado). SECRETARIA DE EDUCAÇÃO (s.d.). Disponível em: <http://www.rededosaber.sp.gov.br/contents/ SIGS-CURSO/sigscFront/default.aspx?SITE_ID= 25&SECAO_ID=447>. Acesso em: 25 set. 2008].

sobre sua vida mesmo. O que... Primeiro ele deu a tinta a óleo, explicou tudo, ensinou a técnica; depois cada um fez a sua obra, depois ele fez mesmo uma exposição, como se fosse num museu. Até o meu marido fez para ele as paredes de madeira, tudo.

M – Fizeram a distribuição museológica?

A5 – Sim, a distribuição. Ele fez a relação entre um aluno com o outro...

M – A curadoria.

A5 – É, foi muito legal. Depois ele convidou os pais, a comunidade para assistir, mas isso ele teve que brigar o ano inteiro para a diretora deixar. Mas ele foi com boa vontade, por quê? Porque ele correu atrás dos materiais, os alunos nem tinham condições de comprar as telas e os outros materiais. Ele foi atrás, ele correu. Até em casa não aguentava ver tela, porque ele comprava e o meu marido – ele tinha carro grande, punha tudo dentro do carro e deixava em casa... Era coisa de louco. No final do ano você ia lá para ver todo esse trabalho que eu tive. Ontem ele estava falando que queria fazer como a outra turma do Ensino Fundamental – esse ano ele está dando aula de 1ª a 4ª série, ele queria fazer com as crianças esse trabalho, também. Só que a diretora não deixou, porque agora tem que seguir o tal do jornal, porque veio pronto. Que fez? Tá lá, desesperado. Ou para tirar licença ou para ser readaptado. Ele falou que "Não vou para a sala de aula trabalhar aquela porcaria". E ele tá nisso, todo estressado.

M – É, imagino. Deixa eu direcionar uma pergunta para a C. que falou pouco, da experiência dela. Dentro deste espaço que você está fazendo... Não é estágio, não é? É trabalho seu, não?

[ela confirma]

M – De educadora no Museu de Arte Sacra[viii]. Você encontra algum reflexo que a gente desenvolve na faculdade lá de alguma maneira?

A6 – Sim, só agora neste ano que a professora D. (da Famec) está mais preocupada com isso, que ela direciona, que ela fala na aula como o grupo deve desenvolver seu trabalho no museu. Antes não tinha isso. Tanto que quando ela começou, eu já estava no museu dando a cara à tapa. Foi difícil mesmo, eu ficava em cima dos outros arte/educadores: "O que eu faço? O que é arte/ educação em museu? O que estou fazendo é arte/educação?". Eu ficava em cima deles o tempo todo, porque foi muito difícil mesmo. Eu me senti super mal quando cheguei lá. [inaudível]... "Não pode tocar na peça". Aí quando eu falava, os alunos seguiam uma guia de turismo: "Essa peça foi feita no século tal, tal, tal". Isso não é ser arte/educador e eu ficava revoltada com isso.

M – E o que é ser arte/educador?

A6 – Arte/educador de museu, penso que seja um trabalho de mediação. Ficar entre a pessoa e a obra de arte. Eu faço com que ela observe aquela obra. Ela vai olhar e tal: "Ah, tá bom, é uma obra...", por exemplo, a Nossa Senhora. Tá, mas não tem várias Nossas Senhoras? Então o que identifica esta como Nossa Senho-

---

viii Museu de Arte Sacra de São Paulo (MAS).

ra da Conceição? "Ah, essa está com a mão assim, tem um negócio nos pés dela..." Então você não reparou que tem isso diferente daquela outra? Vai fazendo ele mesmo observar aquilo. Acho que isso seja já uma etapa da arte/educação em museu, mas é algo que preciso desenvolver mais, que ainda não está muito claro na minha cabeça, eu acredito.

M – Eu até pergunto: este tipo de postura não deveria existir no professor, no arte/educador do ensino formal?

A2 – Ah, deveria. Até para questões de... Saber o que falar, despertar a curiosidade do aluno. Acho que o museu desperta a curiosidade das pessoas. Pela maneira, da frente da obra com o aluno. Acredito que é a mesma coisa de um professor na frente de uma obra de arte, na sala de aula, uma réplica. Falando, acho que deveria ser o mesmo sentimento na hora...

M – Falando, mas no sentido de mediar? Senão vira guia...

A2 – É. Mediar...

M – Tem educador que nem vira para obra: "Como vocês podem ver..."

[aponta para algo às costas]

A6 – Já sabe de cor já. Na faculdade senti falta, devia ter um estágio nos espaços de museus, centros culturais, senti muito mesmo.

M – É meio difícil, pois o número de museus em relação com número de escolas é mil vezes menor, mas acho que seria uma experiência muito importante...

A6 – Claro...

A2 – Em termos de monitoria, já fui monitora de bichos. É de bichos, porque em [inaudível] é um parque ecológico. Então tem a Toca da Raposa lá, que tem o Ibama[ix] cuidando dos bichos lá. Então as crianças vinham e apontavam para os cervos, para as araras... E ficavam: "De onde elas vinham, da onde surgiram, o que aconteceu com elas...". E dava para ver a alegria das crianças quando perguntavam: "O que eu como? O que deveriam comer? Qual o temperamento dela?". Era muito legal...

A6 – Acho que porque as crianças observavam como eram os animais. Tem uma coisa que... Reafirmando, não, afirmando na verdade: não vamos falar "monitores" e sim "mediadores", pois dá a impressão que estou "monitorando". Saindo ali naquele corredor: "Não toca, não toca!".

[risos]

A2 – Mas acho que o paralelo que fiz com os bichos é a mesma coisa que aqui. Porque não podiam tocar nos bichos, não podiam alimentar, não podiam jogar nada... Então é quase a mesma relação... É até divertido você olhar as crianças e penso que seria assim no museu.

M – Tem uma relação aí no que você está pensando, tanto de desenvolver o aprendizado, mas ao mesmo tempo de cuidado mesmo, de ensinar a cuidar, isso de jogar coisas...

A6 – De preservar.

A1 – Essa coisa de "não tocar"...

---

ix Ibama – Instituto Brasileiro do Meio Ambiente e dos Recursos Naturais Renováveis.

A2 – É, eles não poderem manusear os bichinhos...

M – Ter uma postura de preservação, mesmo. Em termos de obras, tem obras que você toca e acaba, com o tempo, deteriorando.

A6 – É, se todo mundo vai lá e toca não tem como... Na hora do acolhimento, se você dá um exemplo para criança fica mais fácil, até para adulto mesmo. Por exemplo, a gente por mais que esteja com as mãos lavadas, encosta no vidro e fica a impressão digital. Controle remoto – a gente fala para a criança pra ela entender melhor: controle do *video game*, pois tá lá, ele pega e todo dia joga, você vê que o número começa a apagar. É a mesma coisa com a obra de arte. Vai lá todo dia e alguém passa a mão. Com o tempo vai gastar a tintura, vai se deteriorando. Tem sempre que dar esses exemplos claros, tem que usar o repertório da criança, do jovem de quem está lá no museu. Mas eu não tinha muita vivência, como vou falar que não pode por causa disso e isso e dar uma explicação química. Não é assim. Eu não aprendi isso aqui e fiquei inconformada.

M – É uma coisa de se questionar mesmo. Por um lado, esta discussão que vocês levantam dentro do museu cabe perfeitamente na sala de aula. É a mesma coisa. Uma coisa que já discutimos em aula: você pede para as crianças não gritarem, gritando. Totalmente ambíguo fazer um negócio desses. "Não grita" (em voz alta). As crianças olham assim: "O que você está falando?".

[risos]

M – De uma certa maneira há alguns pontos de espelhamento entre esses dois espaços. O que mais? Em relação aos estudos que são implementados aqui na faculdade, vocês acham que estão trazendo um diferencial para vocês? Dentro da prática de vocês?

A2 – Agora no começo do ano a gente está vendo isso com a profª D., então está...

A6 – Ampliando.

A2 – Ampliando muito essas associações, aquela história de rizoma, de puxar e identificar. De uma palavra sai outra observação. Nossa, isso caiu como uma luva para a gente. Pode ser um pouco de falta de História da Arte (disciplina) também, acho que deveria ter até o 3º ano com História da Arte.

A6 – Principalmente no Brasil, sinto falta agora.

A2 – Porque a gente só fala da europeia, portuguesa, espanhola e tal. É muito pouco do Brasil. Acho que o Brasil tem muita cultura e pouco conhecimento sobre.

A5 – Tem vários artistas brasileiros que ainda são desconhecidos. **M** – Para todo mundo e para nós também.

A3 – Mesmo os conhecidos. Fomos para o (Museu) Lasar Segall e tinha obras que ninguém conhecia.

M – Do Lasar?

A3 – É, tinha obra que ninguém conhecia. E aqui é pertinho...

A5 – E lá tem um trabalho... A gente está fazendo uma pesquisa sobre inclusão, pessoas com necessidades especiais. Lá eles têm um projeto que eles abrem para os portadores. Voltam para o projeto como a nossa visita, só que é para os portadores.

A2 – Aí eles têm que usar a imaginação deles para criar. Como é que eles vão fazer, vão ver?

A5 – Até eu assisti uma visita. Eu conversei com a moça lá, monitora, né? A Paula...
A6 – Arte/educadora.
A5 – Arte/educadora. Conversei com ela se poderia estar assistindo uma visita desses portadores. Ela falou que pode e eu quero ir lá para ver como é que ela trabalha. Ela falou que tem o surdo, tem cadeirante, tem um monte. São todos juntos. Quero ver como ela trabalha.
M – Todos juntos?
A5 – Todos juntos. São oito crianças de uma vez. Em uma aula, uma visita são oito.
M – Como pode? Deve ser difícil...
A5 – Não sei como. Ela ficou de me retornar que tal dia tem essa visita. É uma vez por semana. Ela falou que tem que ver, o dia que tem nem sempre vem todas as... Ali tem uns dois cada um com a dificuldade diferente. Eu queria assistir um que tivesse oito crianças, cada uma com necessidade diferente.
M – Um museu que tem isso é importante?
A5 – Para mim é. Aí eu posso ver como se trabalha os... "normais".
M – "Normais" o quê? **A5** – Com crianças que não sejam portadoras. Ela falou que tem uma relação...
M – Então você vai estudar as pessoas com necessidades especiais para entender os não... [risos]
A5 – Não, vou estudar eles porque o meu trabalho é a inclusão. Eu quero ver como eles trabalham, porque a gente pode em uma

sala de aula também ter um aluno com necessidades especiais, entendeu?

M – Então você vai pegar uma experiência que tem num museu e aí ver e analisar se é possível trabalhar... É possível? Já chegou em alguma conclusão?

A5 – Não... Ainda estou pesquisando... É possível sim.

M – É o que você acha, é a sua hipótese, não?

A5 – Não, é possível. Porque lá em Diadema tem uma escola que tem alguns portadores de necessidades especiais que trabalham dentro de uma sala regular. Eu ainda não fui assistir aula porque a diretora traz [inaudível] que fazia. Ela foi superchata, mas estou tentando conquistá-la para...

A2 – Lá na escola que a gente trabalha tem um menino que anda só de andador. E é impressionante a interação com os alunos mesmo, ajudando ele. "Deixa eu ajudar". No intervalo pegam merenda para ele, é muito legal. Ele se esforça, não tem assim... Ele se esforça, pega o caderno dele, lápis, a borracha e fica tentando escrever mesmo. "Mas não professora, ainda não terminei, espera um minutinho". "Ah, tá bom". Aí vou lá: "Já terminou?", "Terminei".

A5 – Para mim vai ser interessante assistir lá, nessa escola... estou tentando. Por quê? A gente chega numa sala de aula e pode encontrar um aluno assim. E como trabalhar com ele?

M – Mas vem a pergunta: vocês têm que fazer, não é? A escola prepara o professor?

A5 – Não. Não prepara.

M – A faculdade prepara?
A5 – Não.
M – Onde o professor encontra então?
A5 – Buscando, pesquisando.
M – Porque de uma certa maneira cai no colo mesmo.
A5 – Cai, cai sim.
M – Quando vem a culpa, o primeiro a ser apontado é realmente o professor. Coitado, que sempre cai tudo nas costas…
A5 – No curso de educação especial que fui fazer é duas horas só e lá mostraram muito isso. O professor chegava e não tinha como trabalhar, não sabia como interagir, trabalhar com aquele aluno; ele sempre é deixado de lado.
M – O aluno.
A5 – O aluno. Então, isso não pode acontecer. Mas para mostrar também que o foco principal do curso era isso. Como trabalhar com isso? Aluno especial?
A6 – No Museu de Arte Sacra ainda não tem esse atendimento especial, mas a gente pensa como fazer isso. Tanto que chegou na semana passada uma educadora nova, ela até pegou, como é a Arte Sacra, imagem de santo, "Ah, nem que a gente compre uma na rua, sei lá, tira um molde para as crianças tatearem, sentirem…". O deficiente visual sentir a imagem. Por exemplo, a Carina está fazendo um curso de Libras[x] para poder atender os surdos-mudos e ontem aconteceu uma coisa que achei lindo, porque a gente já teve uma experiência péssima. A gente foi atender um grupo, eu e

mais duas amigas e o grupo estava todo assim, disperso. E a gente ficou assim, supermal, porque não ficou nada na cabeça deles. A gente ficou assim: "nossa, que arte/educador incompetente", a gente se sentiu supermal por causa daquilo, né? Mas depois de ver uma outra amiga nossa, a D., fazendo a monito... mediação, tinha um grupo de estudantes que parecia 8ª série ou Ensino Médio já e tinha um garoto especial no grupo. Ele não tinha... Coordenação motora baixa, ele era um pouco devagar, mas quando ele falava alguma coisa a D. fazia questão de ouvir o que ele falava: "Olha, ele falou isso, tá vendo gente, é isso mesmo...". Ela realçava o que ele... enfatizava o que ele via. Dava para perceber que ele ficava feliz e o grupo parece que ficava mais unido também.

A2- Incrível que classe que tem esses meninos fica muito mais unida. Muito mais unida. Unida porque eles se preocupam com o colega. Então eles ajudam de qualquer maneira, eles perguntam: "Você quer alguma coisa?", sabe dá para perceber... "Você quer alguma coisa? Você quer ajuda?". Isso deixa a gente feliz, ver a sala unida desse jeito com relação ao outro aluno diferente.

M – Isso você está vendo no estágio?

A2 – Não, eu sou eventual. Daí eu consigo ver esse tipo de coisa. É muito interessante.

M – Então você dá aula?

A2 – Dou, de tarde e à noite. E a gente vê a diferença entre o EJA para o Ensino Médio (regular). No EJA os alunos, não dá, eles

x Libras – Língua Brasileira de Sinais.

querem copiar: "Professora, passa isso na lousa…". Eles imploram para passar na lousa, é impressionante.

A5 – Mas eu tive uma experiência no ano passado. Eu estava trabalhando de eventual em uma escola e o professor saiu de licença, aí eu fui para a atribuição e acabei pegando duas aulas, eram duas salas do Ensino Médio, $2^{\underline{o}}$ ano. No segundo dia de aula chegou um aluno novo. Um senhor já de idade: "Do que você dá aula?". Eu falei de arte. "Ih credo, pena que não tenho como ir embora, detesto arte". Falou desse jeito: "Você acha? Eu trabalho o dia todo, fico 15 dias fora de casa", que ele é caminhoneiro, "…e sou obrigado a concluir o Ensino Médio no EJA e você me vem com desenho?". Mas eu falei assim: "Aula de arte não é só desenho". Aí ele falou: "É sim, até hoje desde que eu entrei na escola essa professora chega e desenho livre, tira uma folha e desenha aí". "E nem vem que não vou fazer desenho, eu sou péssimo em desenho". Aí eu falei assim: "Hoje a gente vai fazer uma proposta diferente". Era o segundo dia, nem tinha pegado o plano da mulher lá, porque a coordenação nem tinha me passado. Levei as obras de Van Gogh e Picasso. Pedi para escolherem um artista para a gente trabalhar e escolheram o Van Gogh. O que este aluno falou da obra, fiquei assim: "Gente…". "Você não gosta de arte?" e ele: "Eu adoro esses artistas, eu não gosto das aulas de arte". Aí fui tentar mostrar para ele o que era aula de arte. Aí ele falou: "Então eu tinha uma outra visão…".

M – Mas ele falou coisas legais?

A5 – Falou, ele conhecia a obra. Porque o filho dele tinha um livro, que o filho não deu importância. Ele não falou o nome do livro, mas deve ser de história da arte. O filho não deu tanta importância e ele, nas obras, gostava de ver as obras. Achava aquilo lindo, então ele lia. Ele gostava daquilo. Só que não tinha a liberdade de falar deste assunto. Aí ele entrou no EJA, no 1º ano, primeiro semestre, o professor passou batido. No segundo que era mais relacionado à história da arte, o professor deu um apanhado, assim, breve. Jogando. "Vai lá fala de um assunto, depois passa para o outro, porque não dava tempo", dizem os outros professores que fui conversar. A partir da leitura e da releitura da obra, o que colhi de informação daquele aluno que não gostava de arte, para mim foi uma experiência muito boa.

M – E hoje? Como é que está?

A5 – Eu saí, a professora voltou. Eu não voltei mais na aula. Nunca mais eu o vi.

M – Que pena. Porque a gente poderia ver se até a pessoa muda sua concepção de aula de arte...

A5 – Então... Mas eu não vi mais... Agora estou em outra escola. Eu sou eventual de 1ª a 4ª série. Aí no ano passado fiz atribuição em arte e eu fui para aquela escola. Mas essa escola tem muitos eventuais, faltou pontuação. Mas eu tenho vontade de ver ele. E conversar com ele para ver se mudou mesmo, porque no final daquela aula ele me disse... Eu fiquei mais uma aula com eles e aí a professora voltou. Então o que aconteceu? Ele estava mudando a visão dele. Achei tão lindo aquilo: o filho ganhou um livro qualquer e não deu importância, "Eu não tinha nada o que fazer", olha o termo que ele usou, "...Eu fui folhear ele e achei aquelas obras muito interessantes". Só.

M – Bom gente, acho que o tempo também... A gente percebe que a conversa vai para um outro... Uma conclusão. Para a gente... Não sei se encerrar, mas fechar este assunto por enquanto, vocês acham que estas experiências, mesmo que a gente não consiga trabalhar em aula, neste caso estou fazendo esta conversa até individualmente, a tomada de consciência dessas experiências... Como está sendo? É importante? Até de perceber que a educação acontece em várias, tem várias possibilidades em arte/educação, o que vocês acham dessa percepção? De um todo da arte/educação, o que vocês acham disso?

A6 – É importantíssimo. O pior é que comecei a me mancar só agora que já está terminando o curso...

M – Melhor do que você se mancar só depois de terminar...

[risos]

A6 – Com certeza, mas podia ter sido antes... Mas é muito gratificante mesmo esta percepção. A partir do momento que você percebe, a gente consegue agir contra... por exemplo, estes estereótipos que arte é só desenhar, taca um texto aí na lousa. Eu queria chegar lá no museu: "Ah, museu é chato". Tem que parar com isso. Acho que um educador tem que respeitar o trabalho de outro educador. Na escola, vejo como solução desses problemas, se os outros professores, de Matemática, Física, Geografia, respeitassem o de Artes. Que eu vi que não acontece na escola. Porque o aluno vai respeitar o professor que não é respeitado pelos colegas dele? No museu também. "Ah, você vai no museu? As coisas antigas que você vai ver, tudo sem ideia, tudo quadrado." Então o que tem que mudar é isso. A gente percebendo isso, nossa, já tá um passo à frente.

M – Já sabe onde mexer...

A6 – Exatamente.

A5 – Mas os professores vêm com a ideia de levar os alunos no museu, a própria direção fala: "Não, não dá; eles não têm dinheiro." Mas para ir ao Playcenter tem, para ir ao Hopi Hari tem... Lá nessa escola mesmo, a professora, esta professora que fiz estágio, ela tentou levar. Conseguiu levar três salas só. Depois a diretora falou assim: "Não, não dá para levar." Porquê? "Ah, porque depois tem o Playcenter, eles não vão ter dinheiro para ir para o Playcenter." Aí lotou oito ônibus para ir ao Playcenter.

A6 – Você me deu uma ligação agora. Percebi só agora. Porque é importante o professor ter uma relação com o arte/educador do espaço do museu. Porque eu, ao saber a dificuldade que vocês têm e vocês saberem da minha dificuldade, a gente consegue fazer um trabalho muito melhor. O professor tem que ir lá no museu antes, conhecer aquele museu, conhecer o trabalho dos arte/educadores. Não pode colocar lá na porta do museu: "Ah, vamos ver o museu".

M – Acho que até o contrário seria bom também. Se vocês tivessem alguma maneira de pegar adiantado as características do grupo. De alguma maneira...

A6 – É, com certeza.

M – A escola adiantar alguma informação para vocês, pois enquanto vocês – educadores de museu – também tentam ter alguma informação prévia.

A6 – Que é a experiência do estágio, a gente conhecer o perfil do aluno, o perfil do público que a gente vai mediar. Com certeza.

M – E vocês querem falar também?

A3 – Eu acho que nunca é uma coisa de 100 % de estabilidade, porque a todo momento...

A6 – Acontece alguma coisa e complica lá, parece que tá tudo bem...

A3 – E perceber bem que para mudar, para ser um arte/educador "menos pior".

[risos]

A3 – Menos pior, não digo nem melhor, porque a gente sempre erra.

M – Somos humanos, não?

A3 – Não tem como. Aplicar as melhores técnicas, a Proposta Triangular, atingir nossos objetivos... Mas sempre tem alguma coisa que a gente vai errar.

A5 – Mas o estágio é bom. Você pega uma sala de aula e o professor está dando aquela aula lá... Por exemplo, eu e a I., a gente sempre brinca: "Eu não quero ser aquele professor, daquele jeito." Então o estágio ajuda a gente também. No ano passado a gente ria muito, eu e a I., pois o professor estava dando aula aqui na frente e a gente: "Eu não quero ser este professor".

A3 – Isso também, se a gente perceber, vai tanto no aprendizado até na maneira de conduzir a nota que você dá para o aluno. Porque a minha professora da sala, de arte, ela nunca colocava a nota. Eu queria saber a nota do meu trabalho, mas ela nunca colocava. Só sabia a média na reunião. Então ficou aquilo... Quando fui fazer estágio com ela, ela falou: "Sabe porque não coloco nota para os alunos?". Não. Também não perguntei, mas foi ela que me falou. Aí ela falou assim: "Para não construir aquela ideia de que ele tirou dez e eu tirei cinco, ele sabe desenhar e eu não sei..." Entendeu? Ela pensa nisso. "Olha que lindo, já que o dele tirou dez, tá bonito então vou copiar dele..." Ela falou isso. Até na maneira de colocar nota ela pensa nisso. Fiquei impressionada. Ela pensa dessa maneira... Que é difícil.

A1 – A professora D. (da Famec) usa esse método, não dá a nota, ela coloca lá o código dela, que só ela sabe... Quando entrei aqui na faculdade pensava que arte era só desenhar. Então acabei vendo que não é... Você usa várias... Matemática, você usa várias coisas para você chegar... Por exemplo, você vai usar duas cores, então você dá um e dois. Você usa a Matemática. E outra coisa que você pode estar colocando na Matemática, Ciências, História... Acho que essa parte aí abriu muito meu conhecimento, de forma que... Muito legal.

A5 – Tem que ter a integração com o grupo escolar como um todo para acontecer isso. Tem que ser um trabalho interdisciplinar, é isso?

M – Trans, inter, tudo isso...

A5 – É.

M – O trabalho pedagógico só funciona em conjunto. Até funciona individualmente, mas é muito difícil. Funciona de uma maneira muito limitada. Um bom arte/educador que não se envolve com os outros professores pode até fazer um bom trabalho, mas um bom limitado. Melhor seria se este arte/educador bom, por exemplo, tivesse o apoio do corpo docente, da direção. Aí o potencial do trabalho dele vai lá para cima...

A5 – Lá na escola de 1ª a 4ª série que eu trabalho, eles fazem... Eles trabalham com projetos. Então a professora de artes sempre está trabalhando junto com a Matemática, Português... É legal o trabalho dela. Ela pega a história da Arte, alguns artistas e joga dentro de Português... Ela, a professora, faz o plano da semana junto. Uma dá continuidade à outra...

M – Quer falar também? Fala quem quer...

[silêncio]

M – Gente, eu agradeço, acho que...

A5 – Espero ter ajudado.

M – Nossa, ajudou bastante.

A5 – Mesmo se falamos bobeira... [risos]

M – Não, o objetivo é captar opinião... Vocês deram bastante opinião. Inclusive fiquei até pensando que para as minhas aulas... Acho que deveria fazer isso enquanto aula, mesmo. Porque para mim foi muito importante ouvir o que vocês...

A5 – Será?

M – É, opinião de vocês, as experiências que vocês estão tendo... Por mais que sejam 30, 40 alunos, é difícil de ouvir o que vocês estão pensando, as experiências que vocês estão tendo. Não sei, vou tentar pensar nisso... Estou tentando fazer isso agora, essas coisas de análise de estágio. Mas mesmo assim não dá, né? Não dá para ter essa profundidade. Mas foi legal. Gostei de conversar com vocês, de perceber o que vocês estão pensando, as experiências que vocês estão tendo. E espero que esse espírito educativo continue com vocês...

A5 – Ajudou a gente também... Conhecer o que os outros estão fazendo, o que pensam...

A1 – No meu caso, eu... Ficar sabendo das dificuldades que ela tem (no museu). Até então, eu como arte/educador, que ia e visitava o museu e via o trabalho de vocês e via que tinha uma dificuldade, assim, de conversar mesmo, aquele nervoso com o público, né? O tempo e espaço de minutos para você convencer aquela pessoa que aquele espaço ali é "x". É muito gratificante o trabalho de vocês.

A6 – Nossa, você ganha o dia. Por isso que ontem fiquei arrasada, eu queria morrer quando vi que com aquele grupo não deu certo. Porque quando dá certo, nossa. Cria um monumento para mim. Eu consegui fazer uma pessoa sair amando o Museu de Arte Sacra.

M – Só para compartilhar uma experiência que a gente tem também (em relação ao meu trabalho de ação educativa em espaços expositivos). Então o que acontece é que a gente não precisa criar uma expectativa – a gente aprendeu isso na marra também – dentro do museu, nesses espaços, porque realmente a gente tem muito pouco tempo para trabalhar com os alunos e a gente depende do quê? Da preparação que eles tiveram. Lembram da aula do P., né? (análise de proposta realizada na aula de Prática de Ensino). Que ele faz uma preparação antes de levar os alunos lá, ou seja, os alunos chegam com um pouquinho mais de concentração. Assim, mais preparados do que se viessem fazendo bagunça no ônibus. Isso faz diferença? Faz muita diferença. Então o que acontece? Às vezes a gente fica meio frustrado, parece que não foi muito legal com esse grupo. E aí a gente tem um retorno desse professor, dessas turmas: "Meu, o trabalho foi legal, porque lá na sala de aula a gente fez…" só que isso aqui na hora a gente não conseguiu perceber. Então, uma coisa que é para vocês ficarem mais tranquilos – lógico que não é para relaxar – que às vezes a ficha não cai na hora. Para a gente é assim também. A gente vai no museu e a ficha só cai depois quando a gente chegou em casa e está tomando banho e a gente lembra: "tum". A ficha caiu naquele momento. Quando a coisa acontece, às vezes não é na sala de aula, não é no museu, é… Sei lá, às vezes até anos depois. Como você que deu aquela sacada: nossa, estou aqui no terceiro ano e aquelas coisas do primeiro que estavam… Às vezes lá, plantou. Como vocês estão plantando na escola, no museu, naquele momento. Só que vocês não sabem se vai germinar ali na hora ou depois…

A6 – Mas ontem eu peguei três grupos daquela escola, que é uma escola superchique, daquelas que eu nunca iria conseguir pagar uma escola assim... Aí tem uma imagem lá do Vaticano, e os alunos: "Ah é essa imagem de São Pedro do Vaticano, já fui para Portugal, para Europa". Crianças de 4ª série, superinteligentes. Só foi falar de Anúbis, no Egito e faziam comparações com São Miguel Arcanjo, meu Deus... Aí ontem a gente foi ver o túmulo do Frei Galvão. Aí quando o pessoal tá fazendo bagunça a gente brinca que vai ficar no túmulo do Frei Galvão. Nossa, o grupo ficou quieto o tempo todo, quieto tipo morto. Não falavam nada, só cochichavam entre si. Foi péssimo.

M – Mas foi bom vocês terem essas experiências porque não dá para acertar o tempo todo. Aí realmente analisar... Outra coisa para pensar: às vezes eles não demonstram porque a característica deste grupo é assim mesmo, mas eles estão conectando, é que a gente não nota. É como aquele aluno que parece que está sempre assim... E quando você faz alguma espécie de verificação com ele, pô o cara... Parece que ele não estava ouvindo, mas ele estava ouvindo, prestando atenção da maneira dele...

A6 – É, mas não foi assim não...

[risos]

M – Gente, muito obrigado.